L'HOMME DE LA NUIT

ou

LES MYSTÈRES.

ROMAN ENTIÈREMENT INÉDIT

Du Baron DE LAMOTHE-LANGON,

Auteur de Bonaparte et le Doge, des Deux Familles, de la Cloche du Trépassé, de Monsieur et Madame de Cagliostro, de Mademoiselle de Rohan, de l'Auditeur au Conseil d'Etat, d'un Fils de l'Empereur, du Diable, de Mon Général sa Femme et Moi, de la Femme du Banquier, etc.

I

PARIS

CH. SCHWARTZ et AL. GAGNOT,
QUAI DES AUGUSTINS, 9.

1842.

L'HOMME

DE LA NUIT.

A LA MÊME LIBRAIRIE,

Rabais Considérable
Romans à 3 fr. le Volume,

PUBLICATIONS NOUVELLES, format in-8.

Touchard-Lafosse.

LES RÉVERBÈRES, Chroniques de Nuit du vieux et du nouveau Paris, 6 v.	18 fr.
CHRONIQUES DES TUILLERIES ET DU LUXEMBOURG, physiologie des cours modernes, 6 vol.	18
Les tomes 5 et 6 se vendent séparément.	10
Ils contiennent les MÉMOIRES D'UN FROTTEUR, sur les cours de Louis XVIII et de Charles X, complément indispensable des Chroniques des Tuilleries,	
MARTHE LA LYVONIENNE, 2 v.	6
LE BOSQUET DE ROMAINVILLE, 2 v.	6
RODOLPHE ou A MOI LA FORTUNE, 2 v.	6
LES AMOURS D'UN POÈTE, 2 v.	6
LES JOLIES FILLES, 2 v.	6
LE CAPORAL VERNER et le général garnison, 2 v.	6
DEUX FACES DE LA VIE, ou le poète et l'homme positif, roman de mœurs, 2 v.	6

Auguste Ricard.

LA CHAUSSÉE D'ANTIN, ou HISTOIRE DU MARQUIS DE SAINTE-SUZANNE, 2 v.	6
NI L'UN NI L'AUTRE, 2 v.	6
LA STATUE DE LA VIERGE, 2 v.	6
COMME ON GATE SA VIE, 5 v. in-12.	6
JADIS ET AUJOURD'HUI, 2 v.	6
MA PETITE SOEUR, 2 v.	6
LES VIEUX PÉCHÉS, en société avec Maxi. Perrin, 2 v.	6

Maximilien Perrin.

VIERGE ET MODISTE, 2 v.	6
LES MAUVAISES TÊTES, 2ᵉ édition, 2 v.	6
LA DEMOISELLE DE LA CONFRÉRIE, 2 v.	6
L'AMANT DE MA FEMME, 2 v.	6
L'AMOUR ET LA FAIM, 2ᵉ édition, 2 v.	6
LA SERVANTE MAITRESSE, 2 v.	6
LA FILLE DE L'INVALIDE, 2 v.	6
LE MARI DE LA COMÉDIENNE, 3 v.	6
MA VIEILLE TANTE, 2 v.	6
L'AMOUR D'UNE FEMME, par Charlotte Sor, auteur des Souvenirs du duc de Vicence, 2 v.	6
LA MORT D'UN ROI, par Dominique Mondo, r. h. 2 v.	6
LA FEMME AIMABLE, par Louis Couailhac, 2 v.	6
L'INDUSTRIEL, ou NOBLESSE ET ROTURE, 2 v.	6
MÉMOIRES DE LA MORT, par Carle Ledhuy, 4 v.	12

Imprimerie de Pommeret et Guénot, rue Mignon, 2.

L'HOMME DE LA NUIT

OU

LES MYSTÈRES.

ROMAN ENTIÈREMENT INÉDIT

Baron DE LAMOTHE-LANGON,

Auteur Bonaparte et le Doge, des Deux Familles, de la Cloche du T'assé, de Monsieur et Madame de Cagliostro, de Mademoiselle de Rohan, de l'Auditeur au Conseil d'Etat, d'un Fils de l'Empereur, du Diable, de Mon Général sa Femme et Moi, de la Femme du Banquier, etc.

I

PARIS

CH. SCHWARTZ ET AL. GAGNOT,
QUAI DES AUGUSTINS, 9.

1842.

PREMIÈRE PARTIE.

I

Le 29 du mois de septembre 1819, à neuf heures du soir, entrèrent dans le village de Saissac, bâti sur le revers méridional de la montagne Noire, dans le Haut et Bas-Languedoc, deux jeunes *Franchimanns* (Français du bord septentrional de la Loire), vêtus avec une élégance particulière. Ils montaient deux excellents chevaux du Mecklembourg ; deux valets, l'un à l'apparence d'ancien militaire, quoique couvert d'une livrée féodale, les suivaient; l'autre, jockey écossais, affectait les modes de son pays et montrait une superbe indifférence pour des collines rocheuses qui, à l'entendre, n'étaient que des taupinières si on les comparait aux montagnes qui environnent Édimbourg. Cette cavalcade s'arrêta devant la porte cochère de la principale auberge du lieu.

Des paysans en habits de fête se pressèrent autour des survenants, avisant les quatre chevaux avant que de s'occuper de ceux qui les montaient. L'hôtelier, de son côté, accourut en hâte, le bonnet à la main; et le domestique au surtout féodal lui dit d'un ton important :

— Çà, maître, vos meilleures chambres et vos provisions les plus délicates!

— Pour ce qui est des besoins de la bouche, répliqua l'aubergiste, le garde-manger de chez moi aura de quoi les satisfaire; mais quant aux lits pour vos messieurs et vous, on me les paierait à raison de dix pistoles chacun, que je ne pourrais en fournir un seul : c'est aujourd'hui la saint Michel, fête de la paroisse, et nos *chapeaux noirs* (les bourgeois du Midi) sont descendus de la montagne Noire où sont montés de nos plaines de Revel, Castelnaudary et Carcassonne. Ils viennent tous à la foire, qui est assez célèbre depuis Villefranche à Narbonne et de Limoux à Castres. Ils ont songé à se loger, et, je vous le dirai à regret, mes chambres sont toutes retenues depuis l'an dernier, et, malgré ma bonne volonté de vous servir et mon regret de manquer un tel avantage, je ne peux donner la retirade à qui que ce soit.

— Vous refusez M. le marquis?

— Je refuserais M. Barrière de Castelnaudary ou M. Jean-François de Narbonne.

— Nous jouons de malheur, dit en riant le marquis Damatien de Montare à son ami Alfred Roquevel. Si tu m'en crois, nous pousserons jusque.... Quel est le bourg le plus proche, illustre Clare? poursuivit-il en s'adressant à son laquais, dont l'accent annonçait que le département de l'Aude était la terre natale.

— C'est Montolieu, monsieur le marquis, chef-lieu d'une abbaye de bénédictins; il y a une terre si belle, qu'on la nomme Versailles. Nous avons encore une heure de chemin à faire pour y arriver.

Un éclair illumina rapidement les roches voisines; le tonnerre gronda, horriblement repercuté par les mille échos de la montagne Noire, et des gouttes d'eau tombèrent en même temps.

— Voilà un beau temps pour s'aventurer dans de pareilles routes, repartit avec mauvaise humeur le compagnon du jeune marquis. Que

Satan emporte le bassin de Saint-Féréol et toutes les merveilles qui nous exposent à coucher à la belle étoile !

— En vérité, monsieur, dit l'aubergiste qui voyait partir à regret gens et bêtes, je souffre pour vous de ce contretemps; mais que faire? J'ai bien là-bas, à deux portées de fusil, un bâtiment où vous pourriez loger commodément; mais, ajouta-t-il en baissant la voix, *il y revient*.

— *Il y revient !* répéta Alfred Roquevel. Je ne vous comprends pas.

— Monsieur? dit le valet Clare, qui prit la parole, cet honnête homme (et l'indignation féodale perçait dans son propos) est locataire du château antique et ruiné de Saissac, dont le diable a pris possession depuis deux cents ans peut-être, et le désir de vous faire surpayer une hospitalité traîtresse le pousse à vous exposer à avoir le cou tordu par l'*Homme de la Nuit*.

— Clare, Clare, s'écria l'aubergiste, ce que tu débites là n'est d'un bon ami ni d'un parent, car je te reconnais. Je prends Dieu à témoin et ce gentilhomme, qu'à l'avance je l'ai prévenu qu'*il y revenait*.

— Eh bien! dit gaîment le Parisien, s'*il y revient*, nous irons. Ah! vous avez donc ici un château inhabité où les démons tiennent leurs assises? Cela commence à devenir bien commun; chaque département a le sien. Dis, Damatien, n'es-tu pas curieux de voir un fantôme?

—J'ai faim, j'ai soif, je suis harassé de notre vie active; je me coucherais, je crois, dans un cimetière. Si monsieur veut nous conduire... De quel côté est ce terrible lieu?

Un second éclair, plus flamboyant que le premier, partit du midi; il dura plusieurs secondes, et sur son rideau de feu les tours noires, les murailles hautes et délabrées du château de Saissac se dessinèrent magiquement.

— Voyez, voyez, dit Clare en faisant un triple signe de croix, l'empressement de l'*Homme de la Nuit* à nous montrer sa demeure! Au nom de Dieu, messieurs, n'allez pas nous faire étrangler!

— A quel siècle sommes-nous, marquis de Montare! dit le Parisien incrédule. Le sot pays que cette terre méridionale, où l'on en est à craindre des revenants! N'as-tu pas honte, Clare, toi qui as fait toutes les campagnes depuis 1792, toi qui as vu la mort à Toulon, en Italie, en Égypte, en Allemagne, en Espagne et en Russie, de craindre le diable à Saissac?

Un tourbillon de vent et de plus nombreuses gouttes d'eau qui tombèrent du nuage, rompirent la conversation. L'hôte, enchanté de conserver cette bonne aubaine, ayant lestement donné ses ordres à ses valets, partit accompagné d'une douzaine de gamins portant des bottes de paille, de foin, et des petits sacs remplis d'avoine ; lui tenait une torche de résine, et allait en avant. Les quatre voyageurs piquèrent leurs montures, et poursuivis par l'orage, retardés par les raffales impétueuses d'un vent de l'est furieux, ils arrivèrent, à travers une route rompue, caillouteuse, coupée par des creux, des fossés, de petits ruisseaux, aux restes désolés du château de Saissac.

A mesure qu'ils approchaient, l'antique édifice grandissait et s'étendait devant eux. Autrefois immense demeure féodale des puissants comtes de Saissac, depuis deux siècles environ elle languissait désolée, et les ravages du temps annonçaient que les derniers possesseurs de ce manoir n'étaient pas sortis des anciens seigneurs dont il fut le séjour. Bâti à l'extrémité d'un terre-plain, sur d'énormes rochers débordant un précipice de plus de trois cents pieds de profondeur, on n'arrivait à ce château que par le côté du nord. Ici une large coupure creusée à cent pieds au moins, ou minée pour mieux dire, eût isolé le lieu complètement si on n'eût conservé une étroite langue de terre, coupée d'un pont délabré aboutissant à la porte principale, ouverte au bas d'une énorme cour; les battants n'existaient plus. Le feu des éclairs, la lueur rougeâtre de la torche laissèrent voir une cour vaste environnée de constructions la plupart écroulées ou prêtes à tomber bientôt.

L'hôte fit mettre pied à terre aux quatre voyageurs ; les enfants s'emparèrent des chevaux, et le marquis de Montare, Alfred Roquevel, le valet de chambre Clare et le jockey John Scott furent conduits, à travers une longue galerie dont le dénuement était horrible à voir, au pied d'un large escalier de marbre rouge dont la conservation parfaite contrastait avec l'état misérable des objets environnants. Au haut des marches était un large portique soutenu par des colonnes de marbre gris; puis venait une enfilade de salles ruinées, démeublées, sans vitres, sans fenêtres, sans contrevents même; aussi le vent, la pluie s'y engouffraient avec fureur. Au bout on trouva une solide porte en chêne. Tandis qu'un des suivants de l'hôte essayait de l'ouvrir, celui-là se tournait triomphalement vers les deux voyageurs.

— Entrez, messieurs, et dites-moi si on ne logerait pas ici M. Roland du Roquand, rien que notre receveur-général; excusez du peu!

Le marquis et son ami s'avancèrent les premiers, et, à l'aide des chandelles qu'on alluma successivement, ils virent une antichambre restaurée, rafraîchie, peinte à fresque avec un goût exquis; puis un salon rempli de vieux meubles sans doute, mais tous riches et élégants. La tenture était en Gobelins du temps de Louis XIV, et rappelait les campagnes de ce grand roi; sur chaque fauteuil en bois doré un ouvrier habile avait tissé le portrait des hommes illustres de ce siècle célèbre; des cabinets, des armoires, des gaînes précieuses par la matière; un lustre de cristal de roche, ornaient le salon; on voyait sur la cheminée deux vases de vieux bleu de Sèvres, deux candélabres d'or bruni, au milieu une statue équestre d'Henri IV en bronze.

Une chambre accommodée au goût coquet du règne de Louis XV suivait. Là était un lit de damas rouge, à dôme paré de bouquets de plumes d'autruche; un tapis de Beauvais, d'assez belles glaces, une commode, un secrétaire, un bonheur du jour en marquetterie, de belles porcelaines de Chine avec des figurines de Saxe, un paravent géant en laque de Coromandel, s'harmonisant réciproquement, attestaient le goût de l'arrangeur de cet appartement.

Deux autres pièces suivaient, moins richement meublées. L'une avait un lit où coucheraient les deux domestiques; l'autre, disposée en oratoire, montrait la piété de celui qui avait établi sa demeure dans ce manoir abandonné. Le contraste étonnant entre la somptuosité élégante de cet appartement et la désolation des autres parties du château, frappa les voyageurs. L'hôte conta qu'un étranger, il y avait dix ans, frappé de la majesté du site, et fuyant d'ailleurs le monde, avait loué de lui, maître Pinel, le château de Saissac. C'était lui qui, à Narbonne, à Carcassonne, à Toulouse, avait réuni ces beaux meubles, et était venu s'y établir avec plusieurs valets.

— Combien de temps y demeura-t-il? demanda Clare avec malignité.

— Que t'importe combien, repartit l'hôte.

— Eh bien! je vais, moi, le dire. Il y coucha trois nuits, et le quatrième jour de son installation, lassé d'avoir trois fois lutté avec le diable, il qnitta le château et même Saissac, où il n'est jamais revenu ; te laissant ce mobilier, à condition que tu ne le déplacerais pas et que tu tâcherais d'y loger des hommes de courage. Plusieurs ont tenté d'y passer la nuit : un brigadier de gendarmerie, un sergent de la trente-deuxième, un marin de la vieille garde, un noble de Castelnaudary, un avare de Montolieu, charmé du bas prix que tu mettais à la location. Tous se sont retirés après la première nuit passée. L'avare seul a tenu bon pendant quatre, mais un matin de celle-ci, ne l'a-t-on pas trouvé étranglé, le visage tourné atrocement vers ses talons, tout noir et le corps jeté sur l'escalier de marbre. Enfin, un régicide, qui habite une terre voisine, qui par bravade a voulu coucher à Saissac, ne s'en est-il pas évadé en poussant des cris d'effroi, lorsqu'il y avait une heure à peine que son domestique l'avait enfermé dans sa chambre qui est celle-ci.

— Langue de vipère, méchant parent, fédéré jacobin, n'es-tu pas las de décrier mon auberge. Il se peut *qu'il revienne, ici;* mais ces messieurs sont gens d'honneur, et une nuit est bientôt passée. Dans tous les cas, messieurs, continua-t-il en s'adresant aux deux amis, il y a ici près une cuisine garnie de ses ustensiles, on y apporte des provisions, je vous servirai, à onze heures, un souper de prince. Les vins de Limoux et de Rivesalte ne manqueront pas ; quatre de mes gens coucheront dans la cuisine et à l'écurie. Et malgré tout le bavardage de ce parent sans cœur, vous aimerez mieux être en bonne maison qu'en route, surtout avec le temps qu'il fait.

Dans ce moment, et comme si une puissance occulte eût voulu appuyer les insinuations de maître Pinel, l'orage passa à la tempête. Les éclats de la foudre, les rugissements du vent, le clapottement de la pluie, jusques au cliquetis de la grêle heurtant les toits et les volets extérieurs, parlèrent si éloquemment dans le sens de l'hôtelier qui achevait d'allumer un feu des noces de Gamaches, que jusques à Clare, les quatre voyageurs s'applaudirent de se trouver à l'abri de la violence de l'ouragan.

Cependant, les deux valets allèrent aider l'hôtelier dans les apprêts du repas attendu avec impatience. Quand les deux amis se trouvèrent seuls, non dans le salon mais dans la chambre dont le comfort les avait charmé; le roturier Roquevel, s'adressant au gentilhomme :

— Eh bien! Damatien, n'es-tu pas heureux de ce commencement d'aventure? dire qu'à cette époque il y a des lieux *où il revient*! Parbleu! messieurs les philosophes, votre travail a eu du succès... Quoi, tout démolir et n'avoir pu déraciner la superstition, et nous... nous gens de Paris, du monde civilisé, nous coucher cette nuit dans une chambre *où il revient*. Oh! marquis! marquis, que votre âme est froide! tu ne sens pas notre bonheur et l'heureuse fortune qui nous advient. Je te déclare que de quelque manière que je passe la nuit, je n'en conterai pas moins, dorénavant, toutes les visions dues à mon sommeil ou à ma veille.

— Qui sait, répondit Damatien avec froideur, si tu auras besoin d'inventer. Vois ceux qui nous ont précédé, tous ont eu une apparition. Si en réalité *il revient ici*.

— Ah! çà, mauvais railleur, dit le franchimann en reculant d'un pas, veux-tu rire de ma simplicité, ou aurais-tu la foi de ta grand'-mère?

— Je suis de ceux qui décident avec connaissance de cause. Demain matin, je saurai *s'il revient* ou non. Jusques-là, je doute.

— Au diable ton principe, j'aime des gens affermis.

— Dans quoi, bon ami, dans le septicisme ou dans la crédulité.

— Mais je deviendrais fou si je pouvais croire *qu'il revient*. Heureusement que

> Les esprits dont on nous fait peur
> Sont les bien meilleurs gens du monde.

Un éclat épouvantable de tonnerre ébranla le château de Saissac jusqu'en ses fondements. Un bruit effroyable, provenant de la chute d'une tour qui venait de s'écrouler dans le précipice, frappée qu'elle avait été du tonnerre, produisit une telle commotion, ébranla si bien le sol que la voix du Parisien se glaça, ses cheveux se hérissèrent, tandis que le marquis, ramené par l'approche du danger aux impressions pieuses de son enfance, s'arma du victorieux signe de croix. Bientôt accoururent en tumulte, maître Pinel, ses accolytes et les gamins qui le servaient. L'effroi les avait pâlis; ils tremblaient. L'un des paysans qui traversait la cour en revenant de l'écurie, à la minute où cette décharge électrique avait eu lieu, s'était écrié et soutenait avoir vu une figure gigantesque qui avait poussé et renversé la tour. Damatien de Montare dit gravement à son ami :

— Il paraît que dans cette contrée les esprits tiennent à ne point passer pour les meilleurs gens du monde.

— Si ces messieurs m'en croyaient, ajouta Clare, nous partirions après souper.

— Quant à moi, répliqua le Parisien Roquevel, rien ne me fera partir avant d'avoir vu l'*Homme de la Nuit*.

Oh! pour cette fois, le cœur le plus féroce aurait faibli, tant fut épouvantable, éclatant, prolongé, le nouveau coup de tonnerre qui fulmina au-dessus du château. Le marquis refit son geste pieux, et le Parisien, consterné, baissa la tête. Le reste des auditeurs tomba à genoux, tous implorant le ciel et répétant des patenôtres. Alfred, quand les échos se furent tus, retrouvant sa vaillance :

—Parbleu! dit-il, je me rappellerai des orages de la montagne Noire; Ceux de Paris ne sont auprès que des jeux d'enfants.

La violence de ce dernier coup de foudre ayant déchargé la nue du fluide électrique; on n'entendit plus que la pluie qui continuait à couler. Le souper était prêt; on le servit; il fut trouvé excellent : Des cailles grasses, des ortolans, des perdreaux, un lièvre, des pigeons en compote, des figues, du raisin, des melons, des pêches (manger céleste), du vin exquis, chassèrent les idées superstitieuses, inspirées par le lieu et l'orage. Clare, déjà lesté, se montra intrépide, et il passa avec l'Anglais dans leur chambre sans trop craindre la visite de l'*Homme de la Nuit*.

Alfred et Damatien restèrent seuls. Le premier moins pressé de se coucher dit à l'autre :

— La fatigue nous fera-t-elle oublier notre tâche de chaque soir?

— Pourquoi ne pas m'y avoir fait penser plus tôt... le sommeil me gagne... d'ailleurs, Alfred, c'est ton tour.

— Je le sais; aussi, vais-je veiller et écrire. Je dois enrichir notre journal de la description du bassin de Saint-Féréol; toi, tu as à peindre le collége de Sorèze; car, hier aussi, la lassitude t'a vaincu. J'espère avoir fini ma tâche à quatre heures; alors, je te réveillerai et tu rempliras la tienne.

— Quelle idée! Dormons, c'est le mieux.

— Non, un de nous doit veiller; car... vois-tu.....

— Ah! mon philosophe, je gage que la terreur te gagne.

— Non, Damatien, mais la curiosité..... Si les contes de nos nourrices étaient des réalités; s'il était vrai *qu'il revient*..... Je veux rester debout jusqu'à quatre heures, libre à toi ensuite de me remplacer.

— Je n'y manquerai pas, dit le marquis en quittant ses bottes et son habit, en desserrant sa cravate; puis il se jeta tout habillé sur le lit ayant soin de s'envelopper dans un grand édredon qui garnissait tout l'espace. Ceci fait :

— Adieu cher Alfred, mes compliments à l'*Homme de la Nuit*; si tu le vois, ne manque pas de le prévenir qu'à quatre heures je prendrai ta place et que je souhaite qu'il ne réserve pas ses faveurs pour toi seul.

— Je n'y manquerai pas.

Trois minutes après, le marquis de Montare dormait d'un profond somme.

II

—Je ne connais pas de clarté plus favorable aux apparitions que celle de ces chandelles odieuses. Cette lumière est si triste !

Il moucha les deux flambeaux, tira du papier d'un nécessaire de campagne, fit de l'encre avec de la poudre sympatique, vissa une plume d'acier à son porte-crayon d'or, et se plaça en posture d'écrire... Mais, peu à peu cédant à des idées superstitieuses qui, malgré lui, l'assiégeaient dans ce moment, quoi qu'il fît pour les chasser, il posa le riche instrument et se mit à parler.

— Que l'homme est faible..... La nuit... l'orage... le lieu... le conte que nous a fait Clare... J'ai presque peur!... Folie, lâcheté... Un revenant au dix-neuvième siècle, à l'ère de la raison!

Il reprit la plume... Tout à coup un timbre éclatant et sonore frappa les quatre quarts et une heure du matin.

— Il y a une horloge, pourquoi n'a-t-elle pas marqué les heures précédentes?... L'étrange son!!!

Il écouta : le vent se ranimait et le tonnerre recommençait à gronder dans le ciel... En ce moment, Alfred Roquevel vit la flamme des deux chandelles se pencher vivement par côté, un air froid, une manière de bise, souffla dans son oreille; si bien que lui, se demanda mentalement si, derrière lui, on n'aurait pas ouvert une porte. Pour s'en assurer, il se retourna avec vivacité. Quelle fût sa surprise! son émotion! sa terreur! lorsqu'il vit en effet une porte en lambris poussée et dans l'ouverture, un homme d'environ quarante ans, la tête couverte d'un foulard, le corps vêtu d'une robe de chambre et d'un pantalon de moleton, et ayant des pantoufles de marroquin jaune. Ce personnage, ni beau ni laid, tenait à la main une lampe véritablement antique, comme on en trouve tant dans les tombeaux romains.

Au premier aspect de cet inconnu, le Parisien avait allongé la main vers des pistolets, de Lepage, posés sur la table où il allait écrire; mais le sans-façon inoffensif du costume lui fit honte de son mouvement, il retira son bras tout en se levant et en examinant cette sorte de vision.

— Bonsoir, lui fut-il dit; vous n'êtes donc pas couché encore ?

— Monsieur, répondit Alfred, irrité du ton bourgeois et de la simplicité de la question qui ne lui permettait pas de croire qu'il avait affaire à l'*Homme de la Nuit;* monsieur, cette chambre nous a été cédée, à mon ami que voilà et à moi, pour y demeurer en paix jusqu'à demain. Nous sommes décidés à l'occuper ensemble, et je ne la crois pas commune à tous les hôtes de notre aubergiste : il ne nous a pas fait la condition contraire. Nous avons accepté à cause du temps épouvantable; on ne nous a point parlé qu'il y eût ici avec nous d'autres étrangers, je pensais même que nous étions les seuls.

— L'orage exécrable qu'il fait depuis neuf heures du soir, dit l'étranger en s'approchant de la cheminée, sans paraître s'embarrasser de la froideur de l'accueil et de la sorte de congé que renfermait la phrase du Parisien, ne permet guère qu'on refuse un mauvais gîte. Je ne peux dormir là où l'on m'a casé, et comme sous la porte j'ai vu un rayon lumineux, la fantaisie m'a pris de venir causer avec un compagnon d'insomnie. Vous venez de Paris?

— Oui... monsieur.

— A cheval?

— Oui.

— Vous êtes avec le marquis de Montare?

— Oui... monsieur.

— Homme de haute qualité, vous êtes le fils d'un banquier millionnaire. Ami d'enfance, je vous connais.

— Je ne l'eusse pas cru à vos questions?

— Oh! je suis comme cela, je parle volontiers; j'ai des relations étendues : par exemple, il y a peu de temps que j'ai vu le baronnet sir Hertfort.

— Monsieur!... monsieur! s'écria Roquevel à si haute voix qu'il s'étonna du sommeil du marquis et de ses deux domestiques.

— Bon... quel cri!... Est-ce parce que vous l'avez tué?

A ces derniers mots, le Parisien hors de lui et croisant ses bras, se plaça devant l'inconnu, et d'une voix mélangée de colère et de terreur :

— A mon tour une question, monsieur, qui êtes-vous?

L'inconnu alors posa sa lampe sur le chambranle de la cheminée, puis tournant le dos au feu, il répondit en s'inclinant et avec une physionomie naïvement rieuse :

— Je suis, Monsieur, pour vous servir, l'Homme de la Nuit.

Le sang se glaça presque dans les veines d'Alfred, qui, indigné de céder à la peur lorsqu'on se moquait de lui, se hâta de répondre en essayant de surmonter ce mouvement superstitieux.

— Enchanté de faire votre connaissance.

— En douteriez-vous ?

— ... Pourquoi ?... Non.

— Oh! c'est qu'en général on n'aime pas à se rencontrer avec un être de l'autre monde.

— Oui, reprit Alfred froidement, lorsque ces messieurs ne sont que des ombres; mais quand on peut loger une balle dans le crâne d'un mauvais plaisant, ou le frapper au cœur, d'un coup d'épée, on est peu effrayé de ces messieurs-là.

— Ainsi le sang versé ne vous corrige pas encore de la manie de le répandre; vous êtes de ces incorrigibles qui ne craignent pas la vengeance du Ciel, lui fut-il répondu sévèrement et d'un ton si impérieux, si supérieur, qu'il en demeura confondu.

— Monsieur, avant tout, je ne peux supporter qu'un inconnu indiscret, goguenard, se permette, en raison du voisinage, de s'introduire chez un étranger pour le questionner, lui dire des balivernes et finir par le régenter. Je vous convie donc à me laisser tranquille, mes remords ne me feraient pas trouver du plaisir à recommencer un duel.

— *Meâ culpâ, meâ culpâ, meâ maximâ culpâ!* Ainsi tour à tour bretteur et capucin. Eh bien! moi qui suis un bonhomme (*ici la foudre gronda horriblement.*), j'étais venu pour vous rendre service, pour compléter votre instruction.

— Je vous remercie, répliqua Roquevel dédaigneusement ; et monsieur voulait m'apprendre ?

— L'Histoire de l'*Homme de la Nuit*.

— Encore !

— Toujours ici, n'est-ce pas sa demeure ?

— L'histoire... le conte sans doute.

— Non; l'histoire réelle, exacte, complète; elle est curieuse.

— J'en ai tant lu de ce genre.

— Mais vous ont-elles été débitées par le fantôme lui-même?

— Ah! j'oubliais que vous êtes l'*Homme de la Nuit*.

— C'est un oubli dans lequel vous ne retomberez plus dorénavant.

— Monsieur, dit Alfred impatienté, quand on veut jouer le rôle de revenant, on ne vient point en bonnet de nuit avec une cravate de mousseline, une robe de chambre et le reste assorti. Un revenant est noir, blanc ou squelette; il traîne des fers, ses yeux caves lancent du feu; il n'est point parleur, il s'exprime par signes, ou du moins ses phrases sont brèves. Qu'avez-vous de tout cela?

— Je vois, reprit l'inconnu en riant, que monsieur est formaliste et tient à la rigueur du costume comme un président de la chambre des députés..... Mais ici-bas qu'y a-t-il de stable? tout change de goût, de façon, de parler, de mœurs, de vêtements; d'ailleurs, à quoi bon épouvanter! Un honnête revenant s'il a besoin, dans l'intérêt de ses affaires, de se vêtir à la dernière mode, pourquoi ne le ferait-il pas? Les philosophes ont dit que le siècle était en marche : les trépassés se conformeront à l'impulsion générale, sans cela vous me verriez... vous riez...

— Oui, monsieur ; j'ai eu tort de me fâcher, vous êtes très original, vous avez de l'esprit : je ne doute pas que l'histoire de l'*Homme de la Nuit*, contée par vous, ne soit très amusante, et s'il vous plaisait de me la dire, je serais charmé de la connaître.

Dans ce moment, la même porte qui avait livré passage à l'étranger fut rouverte. Alfred encore plus surpris se tourna de ce côté et regarda attentivement ; il vit un homme de haute taille , le corps vêtu d'un costume monastique brun, qu'un ample manteau blanc recouvrait ; le capuce rejeté sur ses épaules laissait voir une tête admirable de forme et d'expression , une sérénité éternelle se peignait sur un front large et chauve ; les larmes de la pénitence avaient creusé les joues et enfoncé les yeux sans rien enlever à leur éclat flamboyant ; la bouche disparaissait sous une barbe épaisse et blanche. Une corde ceignait les reins de cet être singulier, qui tenait un chapelet d'une main et de l'autre une bougie jaune qu'il posa sur un rebord du lambris, pour que le geste se joignît à la voix lorsqu'avec une intonation haute, sombre et pourtant sonore il eût dit :

— Bozon , Bozon , songe que je ne te quitte pas ; viens , viens , ne me fais pas ajouter des paroles que celui-là ne doit pas entendre.

— Arnould, répliqua le premier inconnu en

affectant un ton léger, bien que tout en lui annonçât le dépit et la contrariété, je sais que tu m'aimes tant que tu ne peux souffrir que je te quitte pendant une minute : celui-ci voulait savoir l'histoire de l'*Homme de la Nuit*...

— Comment la lui conterais-tu ?

— Oh ! pas à ta manière... grave, sententieuse, froide à faire bâiller. Je l'aurais égayée ; il faut amuser la jeunesse.

— Et la tromper, Bozon... Viens, au nom de celui qui est mort pour le salut des hommes.

A cette interpellation solennelle, le visage de l'étranger appelé Bozon et qui s'était dit l'*Homme de la Nuit* se décomposa instantanément, une rage effrayante resplendit dans ses yeux, sa bouche se contracta horriblement, le nez se tordit et l'inconnu blasphéma ; mais cédant à l'empire puissant du moine, il partit sans se rappeler d'emporter sa lampe qui brûlait toujours, et en passant près du Parisien il dit tout bas :

— Nous nous verrons à Carcassonne, à la ville haute. Adieu.

La route secrète se referma. Les deux hommes ne firent aucun bruit en s'éloignant et tandis que l'orage se mit à rugir avec une vivacité toujours croissante.

Un long espace de temps s'écoula avant qu'Alfred fût revenu du trouble dans lequel cette double apparition l'avait jeté. Avouer qu'elle était surnaturelle eût été trop pénible pour son orgueil, il préféra croire avoir été la dupe d'une mystification dont il se promit de tirer prompte et bonne raison le lendemain, soit en retrouvant les plaisants, soit en arrachant la vérité au vieux sournois d'hôtellier.

Cependant il lui tardait d'entendre l'horloge du château sonner deux heures, et l'œil fixé sur sa montre il attendit impatiemment que l'aiguille marquât ce moment. Il attendit vainement; ni les quarts, ni les demies, ni les trois quarts, ni les heures ne retentirent comme avaient fait les premières de la nuit. Ceci lui parut étrange. En revanche, la tempête, l'ouragan, mugirent, tonnèrent avec des forces croissantes; c'était affreux à ouïr. Le cœur d'Alfred battait vivement, les idées superstitieuses prenaient le dessus; mais l'infortuné pour les repousser s'enfonçait davantage dans le sentier de perdition.

— Quoi! se disait-il, je doute de Dieu, et je croirais au diable, à des fantômes ! fou, homme imbécille ! Alors il prit la plume pour se rendre compte des impressions du jour et de la nuit. Son imagination préoccupée ne le lui permit pas, et machinalement il composa sur le cahier de leur journal des vers qui exprimaient bien l'agitation de son âme.

Le siècle actuel est si fertile en cette sorte de production, et le nombre des lecteurs qui repoussent les vers a tellement augmenté en raison de ceux qui veulent les faire lire, attendu l'affection de paternité, que nous avons pris le parti de les laisser ensevelis dans le manuscrit original.

Ce nouvel exercice occupa Roquevel; les instants s'écoulèrent, et quatre heures approchant, il alla vers le lit éveiller son ami dont le sommeil profond lui avait paru autant bizarre que le reste.

Damatien se réveilla au premier contact d'Alfred, et à son tour dès qu'il eut les yeux ouverts :

— As-tu vu l'*Homme de la Nuit?* dit-il.

— Certes il n'aurait pas manqué de me faire sa visite ; c'est un homme fort cérémonieux.

Cependant je n'eusse pas cru qu'il serait venu d'abord en robe de chambre.

— Couche-toi, Roquevel, tu dors déjà les yeux éveillés.

— Tu le penses... soit. Voyons si demain tu ne me tiendras pas le même langage

Alfred par prudence ne poursuivit pas son propos, il cessa même de parler, se promettant de feindre le sommeil afin d'épier ce qui se passerait. Il ne pouvait croire que les deux personnages si bizarres ne revinssent, et il voulait être témoin de ce qui aurait lieu entre eux et le marquis de Montare. Mais à peine eût-il été couché, qu'un besoin irrésistible de repos lutta contre son désir et le vainquit. Il chercha à combattre... dix minutes plus tard il dormait profondément.

Le marquis cependant se mit à écrire. Le bruit de l'horloge qui sonna de quart d'heure en quart d'heure l'émut ; il se leva spontanément, courut à une fenêtre; il ne vit rien; les contrevents fermés interceptaient la vue; on apercevait seulement à travers les fentes la lueur rougeâtre et rapide des éclairs. Le bruit d'un doigt qui heurta doucement attira les regards du marquis vers la porte secrète; il s'en approcha, et comme on heurta une seconde fois,

— Entrez, dit-il; est-ce vous, Clare? Serez-vous notre hôte?

— C'est, monsieur, un voyageur qui est pressé de se remettre en route et qui a le désir de vous donner un bon avis.

Damatien immobile, le corps raide, le cou tendu, examinait avec une surprise mêlée d'inquiétude et de superstition l'être bizarrement costumé qui lui parlait. C'était celui qui, peu d'heures auparavant, caché sous la solennité du froc monastique, avait apparu le second afin de faire sortir de la chambre des deux amis le fantôme malin, voyageur prétendu, qui s'était qualifié du titre d'*Homme de la Nuit;* et dont la conversation épigrammatique avait paru si railleuse au Parisien de mauvaise humeur. Damatien savait que les moines repassaient déjà dans le midi de la France; aussi ce ne furent pas le froc et le capuce qui l'étonnèrent, mais bien l'air imposant, étrange et solennel du personnage. Cependant comme rien en lui ne démentait l'apparence, le marquis, en homme bien élevé, le salua profondément, et l'invitant à s'approcher du feu, le pria de l'excuser s'il ne haussait pas la voix, mais il craignait de réveiller un ami là, sur le lit, livré aux douceurs de Morphée. Le religieux regarda vers le lieu indiqué par le jeune homme et sourit mélancoliquement, puis revenant au marquis peu assuré et très intrigué de l'incident :

— Monsieur, lui dit-il, Dieu vous a fait une

grande grâce, celle de permettre que le bon grain semé dans votre cœur pendant votre enfance ne fût pas perdu et fructifiât plus tard.

— J'appartiens, répondit Damatien, à l'une de ces familles où l'on fait marcher de front le triple devoir envers Dieu, le roi et les dames; mais Dieu avant tout.

— Grâces vous soient rendues, ô mon Dieu! qui par votre indulgence avez préparé ce jeune homme à se nourrir de votre sainte parole! Que votre volonté soit faite, sans doute; mais serait-ce la contrecarrer que d'empêcher cette belle âme de s'enfoncer dans une voie de perdition? Mon fils, poursuivit l'anachorète, pourquoi, avec de telles dispositions, négligez-vous des devoirs importants? Vous croyez et vous êtes tiède; vous êtes chrétien de cœur et vous menez l'existence d'un impie. Mon fils, croyez-moi, tournez-vous vers Dieu; sa cause ne périclitera jamais. Vous ne savez pas tout ce qu'il conserve de trésors dans sa clémence, combien il est indulgent! Je pourrais vous en citer des preuves par centaines; une seule me suffira. Connaissez-vous les aventures de l'*Homme de la Nuit?*

— De l'*Homme de la Nuit?* répéta le marquis involontairement et en parcourant la chambre vaste d'un coup-d'œil rapide; l'*Homme de la Nuit?* Avant tantôt j'ignorais qu'il fût, et depuis ce soir on ne cesse de me casser la tête de ce conte absurde.

— Voilà les hommes! s'écria tristement le moine en secouant la tête mélancoliquement. Leur orgueil se réfugie dans la négation pour échapper à la honte d'avouer leur ignorance. Non, vous n'êtes pas de ceux qui ont besoin de voir pour croire; vous n'êtes que troublé, mais Dieu vous rassérénera l'âme, et dissipera le voile que l'effervescence de la jeunesse a mis devant vos yeux.

— Mon père, repartit Montare poussé par une curiosité extrême, seriez-vous assez bon pour me faire le récit de cette histoire, sans doute bien extraordinaire? Cependant je crains de réveiller mon ami.

— Votre ami, lui fut-il dit comme d'un ton de reproche; ne craignez pas qu'il ouvre les paupières avant le jour. Ces hommes du siècle qui n'ont de foi qu'à l'argent ont le sommeil aussi dur que l'âme. Il ne nous entendra pas; que dis-je! s'il nous entendait il ne nous comprendrait pas. Son aveuglement lui sera funeste; dites-lui de se méfier de l'*Homme de la Nuit*.

— Oh! père, père! dit avec mécontentement le marquis, un homme aussi grave, aussi sage que vous l'êtes doit-il se prêter à ces superstitions?

— Si vous n'y croyez pas, pourquoi me demander une histoire surnaturelle?

— J'espère qu'elle m'amusera.

— Si elle ne devait vous profiter, je ne descendrais pas à satisfaire une curiosité vaine. Ne faites pas comme les superbes ; croyez avec simplicité.

— Vous m'avez offert le récit de cette chronique ?

— Écoutez-la, gravez-la dans votre cœur, et remerciez Dieu de ce qu'il vous permet d'entendre la véritable.

— Il y en a donc plus d'une ?

— Il y en a deux. La réelle c'est moi qui la conte ; la menteuse c'est LUI qui la débite.

— Qui lui ?

— L'*Homme de la Nuit.*

— Encore !... Quoi, monsieur ! cet homme existe-t-il ? s'en va-t-il par les champs ! Mon père, excusez-moi, mais j'attendais dans votre bouche des paroles plus graves.

Ce fut un regard bien singulier que celui

lancé par le moine au marquis ; il disait tant de choses ; il se montra si éloquent dans son importante grandeur, que l'homme du monde, humilié au fond de sa superbe, fit amende honorable devant la simplicité de l'homme du cloître qui prit la parole en ces termes :

III

« Au nom du Père, du Fils et du Saint-Esprit, de la Très-Sainte-Vierge, mère de Dieu, du benoît Saint-Joseph, son époux, et du vaillant Saint-Michel dont tantôt c'était encore la fête, moi, indigne pécheur, je dirai au marquis de Montare ce que je sais, ce qui pèse tant sur mon cœur... »

Ici l'ouragan nocturne reprit avec une furie

vraiment surnaturelle; les éclairs, les coups de tonnerre, la rage des vents, les cris de l'abîme, les hurlements des loups de la montagne, la chute d'un mélange d'eau et de grêle produisirent un vacarme tellement infernal que le château fut ébranlé, que Damatien s'attendit à en être la victime. Des rumeurs extraordinaires ranimaient les échos des salles abandonnées; c'était un mélange de cris discordants, de tumultes bizarres, de sifflements aigus; jamais la tempête n'avait employé des voix pareilles. On entendait parfois la chute de certains pans de murs; on pouvait croire le moment arrivé où le château de Saissac s'ensevelirait sous un amas de ruines.

Damatien vivement ému de cette convulsion des éléments s'étonnait de la profondeur du sommeil de son ami, qui sans ronfler, respirait cependant en homme endormi de bon appétit; et d'un autre côté, ce tapage horrible ne lui permettait qu'à peine d'ouïr parler l'interlocuteur. Celui-ci laissant percer un peu d'impatience dans son regard solennel, prit en sa main la croix d'ébène suspendue à son rosaire, et l'élevant en l'air comme s'il l'eût opposée à l'orage, il pria dévotieusement. A mesure que les paroles pieuses sortaient de sa bouche, la tempête, malgré sa violence incroyable, devenait moins impétueuse, la foudre était plus sourde, et les éclairs passaient de la couleur ardente au blanc mat de l'argent.

Cette sorte de prodige frappa le marquis; il se demanda mentalement et sans remuer les lèvres s'il était le témoin de la science d'une prévision naturelle d'un observateur ardu, ou si la sainteté du moine était puissante au point de lui soumettre les éléments.

— Dieu ! lui répondit le religieux à haute voix, et cette réponse terrifia Damatien ; n'a-t-il pas dit : *par ce signe on vaincra.*

Et il montrait la croix.

— Jeune homme, la parole divine ne faillit point, et avec une foi vive on transporte en effet des montagnes. Ce n'est pas moi qui maintenant commande à l'orage, c'est ma confiance en Dieu qui a fait ce miracle : j'en suis l'indigne instrument.

L'air était devenu calme; le marquis, entraîné par un mouvement irrésistible, tomba aux genoux du moine.

— Mon père, dit-il, saint homme, bénissez-moi !

— Je ne le peux, monsieur; j'en suis indigne. Pécheur comme vous... que dis-je ? mille fois plus que vous, et de plus parmi nos semblables, je suis venu à vous non pour vous bénir, mais pour vous prémunir contre des attaques odieuses. Vous et votre ami êtes dévoués à la malice de l'*Homme de la Nuit*.

— Monsieur!... monsieur!... ce badinage à une telle heure!...

— Écoutez-moi, marquis de Montare!

Et le moine s'enveloppant de son vaste manteau blanc, ramenant sur son front le capuce pointu, se mit à parler en ces termes :

« Il y a mille ans; c'était en l'an de grâce 849, le 29 du mois de septembre, neuvième mois de l'année et à neuf heures du soir que la cloche d'un monastère situé sur le sol de la paroisse de Saissac où se trouvait en ce moment en visite Aribert, évêque métropolitain de Narbonne, fut violemment ébranlée, tandis que des sons effrayants, des cris étranges se firent entendre aux environs de la sainte maison.

« Par une permission divine, le frère portier allait fermer la porte à double tour, sa main tenait la clé; il ouvrit et entrebâilla l'un des battants; il vit... ô éternel objet pour lui d'épouvante! il vit un homme richement vêtu s'introduire précipitamment dans le porche et derrière lui, à la distance de trente pas tout au plus, courait à sa poursuite une armée innombrable de démons furieux, tous plus horribles à voir les uns que les autres; ils hurlaient, vociféraient des blasphèmes, et leur rapidité leur fit atteindre à la porte à l'instant même que le frère, en état de grâce par la faveur de Dieu, la fermait ; puis avec une présence d'esprit incroyable, il se mit à l'asperger d'eau bénite qu'il prit au bénitier de dévotion placé tout auprès.

« Bien lui prit d'avoir songé à cette arme défensive si puissante, car déjà les ais des battants cédaient à la pression désespérée des satellites de Satan. On les entendait s'éclater par haut et bas, mais dès que l'eau divine les eût mouillés, voilà que des flammes vengeresses et bien connues de cette male engeance, res-

plendirent en dehors et partirent en flèches ai-
gues de foudre si dru, si formidables que les
démons se reculèrent en blasphémant de nouveau, mais pas un de la bande maudite ne s'a-
ventura à tenter de jeter ladite porte à bas.

« La clarté de la lampe qui pendant toute la
nuit luisait sous le porche, permit au frère
portier de reconnaître dans le personnage
poursuivi et introduit si à-propos, le puissant
leude de Saissac, le seigneur le plus recom-
mandable de la Langue d'oc et de toute l'Occi-
tanie. La veille il commandait à deux cents
nobles, ses vassaux, et à dix mille manants au
moins ; maintenant les yeux noyés de larmes,
le visage renversé, ses somptueux vêtements
déchirés, il était humblement prosterné devant une statue de la Vierge élevée là dans une
niche, et à laquelle le monastère était dédié.

« Le tapage épouvantable que faisait l'armée
infernale rangée autour du couvent attira bien-

tôt les moines, l'abbé, les prêtres séculiers et le métropolitain lui-même. On allait demander au leude de Saissac l'explication de ce qui se passait, lorsqu'en dehors du monastère on entendit par trois fois le son d'une trompette rauque et énorme; c'etait un serpent de cent pieds de long tout en vie, et un diablotin, en le pinçant au bout de la queue, le contraignait à pousser des sifflements tels, que les cheveux s'en dressaient d'horreur; puis le pas d'un cheval fut ouï, et on frappa à la porte *toc toc toc*.

« Les moines tremblaient, le métropolitain et l'abbé revêtus de leurs chappes de cérémonie, l'un tenant le Saint-Ciboire, l'autre une relique de la vraie Croix, se sentirent forts de leur confiance en Dieu et commandèrent que l'huis fût ouvert instantanément. A cet ordre il y en eut plus d'un à qui le cœur faillit, et le leude de Saissac serait tombé de peur, si un moinillon ne lui eût lestement jeté au cou une étole bénite, fourré dans son escarcelle la relique de la dent de Saint-Nazaire et mis à la main un reste de cierge pascal; avec de telles armes le noble se crut inattaquable.

« Chacun eut besoin de sa piété pour ne pas perdre courage, dès la porte ouverte, quand on vit rangés en ordre de bataille des millions et des milliards de démons, diables, diabloteaux, tant à pied qu'à cheval, et assis sur des monstres difformes, hideux et impossibles à décrire. Tout contre l'huis était Satan en personne, monté sur un bœuf à onze têtes et à vingt-deux cornes. Satan pour se faire honneur, devant une aussi bonne compagnie, s'était vêtu en homme d'armes, ayant bottines, genouillières, cuissards, cuirasse, brassarts, morion de fin or et couronne de serpents de feu; il tenait une lance de fer rougi et sa visière était basse afin de dissimuler sa laideur et la marque ineffaçable qu'a faite sur son front la foudre de Dieu.

«—Maudit, que veux-tu? lui cria le métropolitain Aribert.

« — Cet homme qui est mien.

« —Tu en as menti en cette fois comme en toutes, reprit l'interlocuteur qui à voix basse avait causé avec le leude de Saissac, cet homme n'est pas à toi, il est à Dieu, son Créateur.

«—Il s'est vendu à moi, et demain, par l'énoncé du bail, j'entrerai en possession de son âme.

« — Pas plus demain que jamais! Dieu est mort pour tous; cet homme se repent, il donne ses biens à l'Église; l'Église en retour le prend sous sa protection. Arrière donc, toi et ta troupe! vide les lieux! va où les damnés se reposent en ton absence! Cet homme est libre; laisse-le!

« — Il n'y a plus de probité sur la terre! s'écria le Malin rempli de rage. Vois, révérend évêque, ce parchemin; il y a écrit son pacte avec son propre sang, il l'a signé, scellé de son sceau; il y a deux témoins; je suis en règle. Demain le leude de Saissac m'appartiendra. Que lui ai-je promis? Cinquante ans de bonne vie, les jours de vingt-quatre heures sans fraude, toutes ses volontés satisfaites.... j'ai tout exécuté en gentilhomme... qu'il le nie s'il l'ose! Lui, à ces conditions, m'a abandonné son âme pour demain, 30 septembre, et maintenant que demain approche, ce larron, ce filou, ce faussaire imagine en être quitte par des jongleries!... je le veux demain, ou je renverse de fond en comble cette maison.

« — Tente d'en arracher une pierre, dit le saint abbé, tu la trouveras lourde! Le monastère appartient à Madame la Vierge; elle est assez reine du ciel pour protéger ses domaines en terre.

« —Vous êtes tous des routiers coteraux et voleurs! cria Satan; vous faites tort au diable! Cela ne sera pas, car il y a bonne justice dans le ciel; je vais parfois rendre visite là-haut... j'y porterai plainte et on m'adjugera ce filou.

« —Non pas de mon consentement, dit enfin le leude de Saissac. Je sais que je suis un misérable, un traître à Dieu, un apostat; mais au milieu de mes déportements je n'ai jamais cessé de fêter les bons jours de la benoîte Vierge, et pendant les premières vingt-cinq années de ma vie, et depuis mes cinquante de perdition, à tous les 29 septembre j'ai fait illuminer à mes frais la chapelle du grand Saint-Michel. Or, j'adjure la benoîte Vierge et le chef des archanges de me venir en aide et en protection!

« Comme il disait ces mots, voilà que l'on vit

tout à coup en dehors du monastère et en face du maudit un si beau jeune homme que c'était merveille; il portait un casque fait d'un seul diamant, surmonté d'une aigrette d'étoiles flamboyantes, et ceint d'une couronne de saphir; son armure pour être en perles fines n'en était pas moins forte; à son côté pendait une épée allumée au feu de la colère du Seigneur : Satan sait ce qu'elle pèse; enfin, il tenait une tige de lis dans sa main.

« Chacun des nôtres s'agenouilla devant, car on savait d'où il venait. Lui, en jouvenel de bonne maison, salua le prélat et l'abbé, puis regardant le leude :

« — Qu'est-ce, messire Arnould, qui se passe; vous ne voulez pas être damné?

« — Je veux faire pénitence, aussi bien me suis-je tantôt repenti au plus profond du cœur; non en effroi du prochain supplice, mais en plein et pur amour de Dieu, et cela si bien que je consens à abandonner mon corps au diable pour qu'il le punisse de mon crime ; quant à mon âme, comme elle est venue de Dieu, je veux qu'à Dieu elle revienne. Le marché est nul, puisque j'ai donné cette âme qui ne m'appartient pas.

« — Ah !... firent tous les diablotins et grands diables, qui comprirent que leur affaire se gâtait.

« — Oh ! oh ! nous écriâmes-nous, le leude de Saissac non seulement a été homme de guerre vaillant, il sera en outre clerc habile et subtil.

« — Que te semble, Satanas, de cette défense ? dit le très saint Michel en riant du rire des anges.

« — Que là-haut (il montrait le ciel) et là (il désignait le monastère) vous vous entendez comme larrons en foire, dès qu'il s'agit de me souffler une âme : Vierge et apôtres, saints et saintes, anges et prêtres ne vous querellez plus ; je suis toujours votre dupe. Mais patience, j'aurai mon tour..... Comment donc ceci finira-t-il ?

« — Je venais te l'apprendre, répondit le chef de l'armée céleste. Madame notre impératrice et reine s'est souvenue que cet homme a toujours eu confiance en elle ; je n'ai pas non plus oublié sa révérence pour moi, si bien que dès son bon *peccavi* de tantôt, nous avons, la très sainte Vierge et moi, intéressé Dieu le Fils et Dieu le Saint-Esprit ; ils en ont parlé avec Dieu le Père, et tous trois sont tombés d'accord de sauver le leude de Saissac.

« — Parbleu ! cela pouvait-il être autrement ? ça n'a qu'une volonté trois têtes dans un bonnet.

« Les démons irrévérencieux se mirent à rire :

« — Paix ! mes drôles, leur cria saint Michel,

ou je vous fouaille les côtes avec ce bâton (il leur montrait la tige de lis); et la frayeur et le dépit rendirent les démons immobiles.

« — Voici, poursuivit l'archange, le jugement rendu là-haut : il n'y aura plus de leude de Saissac, mais un anachorète du nom d'Arnould, qui aura pendant deux mille ans la tâche de parcourir le monde et d'y faire le bien le plus qu'il pourra; il ramènera au ciel les âmes qui s'en écarteront; il sauvera les matelots du naufrage, les victimes du fer des assassins, les pécheurs de la griffe du diable. Ceux qu'il aura ainsi préservés monteront au ciel; son châtiment sera de les y voir entrer et lui de rester sur la terre; et quand les deux mille ans seront écoulés, Dieu avisera... Or sus, démons, diables et maudits, détalez; mais auparavant livrez-nous le pacte.

« Satan hurla, rugit, beugla, blasphéma et n'en tira pas moins de son escarcelle le susdit parchemin. Comme il allait le jeter par terre, il vit qu'il y en avait deux collés ensemble : il abandonna celui du leude de Saissac, regarda le second et son œil flamboya de joie; puis ayant donné le signal, lui et sa clique disparurent en laissant après eux une puanteur détestable de souffre et de corne brûlée.

« On chanta le *Te Deum* au monastère, on amena le leude de Saissac à l'église où il fit ses vœux. Ce fut seulement après cette cérémonie que le benoit archange repartit dans le ciel. Le leude, devenu le moine Arnould, commença tôt après sa mission, et depuis mille ans, jour par jour, il a eu souvent la consolation de retirer du péché de bien grands coupables. »

— L'histoire est curieuse, dit ici le marquis de Montare; mais d'après elle l'*Homme de la Nuit* serait un saint.

— Pourquoi vous presser de m'interrom-

pre? répliqua le moine; non, certainement, le
pécheur dont vous parlez n'est pas un saint :
il n'a expié qu'à moitié son crime; mais il cher-
che à faire aimer Dieu, c'est son bonheur.
Écoutez, vous, ce qui me reste à vous dire :

« Tout auprès de Saissac, à Montolieu, il y
avait un seigneur à fief qui, sous prétexte d'aller en Palestine visiter le sacré tombeau de
Jésus-Christ, n'était passé dans l'Asie que
pour y trouver des maugrabins, magiciens fa-
més, qui ont commerce avec Satan.

« Bozon en effet ramena de ces contrés loin-
taines un misérable qui de juif s'était fait chrétien, et puis mahométan. Ce monstre, mis
en rapport avec le leude de Saissac, égara sa
raison si bien, que le même jour le seigneur
de Montolieu et le leude passèrent le traité pareil avec l'esprit infernal et pour le même
nombre d'années, échéant à pareil jour 30
septembre 819.

« A mesure que le terrible moment approchait, le leude, de plus en plus bourrelé de remords, éprouvait dans son âme tout ce que peut sentir un homme chrétien au fond et qui, néanmoins, se voit près de tomber sous la griffe infernale. La peur, la male-peur des tourments qui à l'avance lui étaient dévolus, entrait bien sans doute dans sa douleur ; mais plus encore il y avait l'amour de Dieu, de ce Dieu si bon envers la créature, toujours portée à en abuser.

« Cette contrition parfaite sauva le pécheur ; ce fut elle qui, dans la soirée du 29 septembre 999, à neuf heures du soir, lui inspira la résolution heureuse de se sauver dans le monastère ; elle qui lui assura la protection de madame la très sainte Vierge, du benoît grand saint Michel archange, chef de l'armée céleste ; enfin de celle-ci tout entière, et mille et mille de millions de milliards au-dessus, ce qui ne veut rien dire encore, car toute comparaison cloche en cet endroit, ce qui, dis-je, lui valut celle de la Trinité auguste.

« Or donc, le lecteur a vu de quelle manière Satan et sa clique avaient été mis en déroute, comment cette infanterie formidable, cette cavalerie sans nombre, et leur empereur Satanas, bien autrement à craindre, avaient tous reculé et *fouiné* en vrais pleutres qu'ils étaient, si je peux employer, dans un livre imprimé à Paris, une expression si fort en usage dans le Haut-Languedoc pour exprimer l'action d'un poltron qui recule; *fouiner* signifiant se faire petit, s'amoindrir comme une fouine, afin de pouvoir, à son exemple, passer par le trou de la plus médiocre ouverture, afin d'échapper à un ennemi plus fort que soi.

« L'armée infernale était donc en pleine débandade; chefs et fantassins, musiciens et culottes de peau diaboliques détalaient donc chacun à sa guise : tel rentrait dans la terre, en y creusant un trou qui eût été un puits artésien excellent; tel autre se roulait dans les eaux du Fresquel, du Trapel ou d'Argent double (rivières aux environs de Carcassonne) ; tel profitait d'un nuage sulfureux ou aqueux pour s'en envelopper et disparaître au loin ; tel se retirait dans le coffre d'un avare ou entre les draps d'un incestueux.

« Satan seul descendait la longue colline où serpente aujourd'hui la grande route de Revel, maugréant et parfois se donnant au diable, c'est-à-dire à lui-même, tant la colère le rendait distrait, lorsqu'il entendit le pas d'un fort cheval qui venait à lui. Levant les yeux, il reconnut, malgré la nuit obscure, le terrible Bozon, sire de Montolieu, et qui, le lendemain, devait lui appartenir, en vertu de son pacte. A cette vue, Satan tressaillit. A qui les mauvaises pensées seront-elles familières, si ce n'est à sa seigneurie? N'alla-t-elle pas s'imaginer que le sire de Montolieu prenait le chemin du monastère où Arnould venait déjà de s'enfermer? Déterminé à mettre obstacle à ce second vol, ainsi qu'il qualifiait le retour au ciel, il se posta fièrement au milieu du chemin, et, d'une voix tonnante, demanda au seigneur où il allait ainsi.

« — Ah! maître, c'est toi, repartit paisiblement Bozon, sans se montrer ému de l'humeur massacrante du chef des diables. Es-tu déjà si pressé, que tu viennes à ma rencontre? Il me semble pourtant que je suis libre jusqu'à demain, et, par conséquent, qu'aucune route ne doit m'être interdite.

« — Excepté néanmoins celles des monastères, églises, chapelles...

« — Eh! qui diantre songe à s'amender? Ce n'est pas moi, je t'assure, j'ai joui largement des fruits de mon pacte; demain il expire;

eh bien! alors, tu prendras mon âme et mon corps par-dessus le marché.

« — Tu es donc un honnête homme?

« — Cette question vaudrait un coup d'épée à tout autre; mais à toi ce serait vaine démonstration. Je n'ai qu'une parole, je te l'ai donnée ; je la tiendrai certainement.

« — A la bonne heure, répondit Satan un peu moins courroucé. Quel projet t'a fait sortir de ton château à cette heure !

« —Assuré d'en finir demain avec la vie, car tu me prendras sans doute celle-ci avec l'âme ; sachant que demain aussi expirent les années de bon temps dont tu traitas avec le leude de Saissac, une idée m'est survenue, celle de me réunir avec Arnould, et tous les deux d'en finir avec le monde au milieu de l'orgie la plus insensée, la plus libertine, la plus scandaleuse surtout ; notre double puissance nous fournira des moyens immenses. Je veux que l'enfer nous jalouse ; et, au moment où tu nous prendras, je m'écrierai, en m'adressant au monde :

C'est ainsi qu'en partant je vous fais mes adieux *!

« — Tu ne trouveras plus ton frère d'armes, reprit Satan avec aigreur ; le lâche m'a volé !

« — Comment ?

« — Il vient de se faire moine.

« — C'est impossible : n'était-il pas déjà débauché, gourmand, impie !

« — Il s'est mis à couvert de sa signature dans le monastère de sa baronnie. Le misérable ! il a eu peur.

« — Est-ce vrai ?

« — Tu doutes ?

* Corneille, quand il mit ce vers dans sa *Médée*, avait eu connaissance du manuscrit ci-joint ; il a fait pour ce vers ce que MM. D.. et consorts font pour leurs livres d'*Impressions de Voyages*, où ils travaillent plus avec les ciseaux qu'avec la plume. Les grands hommes modernes profitent beaucoup des œuvres d'autrui ; aussi, et en retour, on profitera peu des leurs.

« — C'est que l'on t'appelle le père du mensonge.

« — Oh! pour cette fois, je ne *blague* pas (autre expression pillée au diable).

« — Quoi! mon camarade, mon ami, reculer... frémir... allons, allons, allons, tu railles... Lui se repentir, s'amender, endosser le cilice... mais ce serait horrible; il y aurait à le souffleter, à lui cracher à la face.

« — Permis à toi de le tenter, il te présentera l'autre joue. Oui, il s'est mis à genoux, il a prié, s'est déclaré coupable; il a prié, pleuré, gémi, enfin il est moine.

« — J'aimerais mieux être mahométan.

« — Quoi! si l'on te rendait ton pacte...

« — Je n'en voudrais pas; pour qui me prendrait-on? pour un pleutre, un voleur, moi gentilhomme, moi chevalier, moi sire de Montolieu!

« Satanas se mit à réfléchir profondément ; ses joues s'empourprèrent, une allégresse diabolique illumina ses yeux ; et, se frottant les mains :

« — Par Caïn, Judas et le futur Borgia, j'aime à t'entendre parler, mon brave. Eh bien! écoute-moi, et à ton tour jure d'avance qu'à dater de demain à neuf heures neuf minutes neuf secondes, et pendant deux mille ans pleins, tu feras ma volonté sans relâche.

« — Pourquoi ce serment ? ne serai-je pas à toi corps et âme ?

« — Oui, j'aurai le droit, je le sais bien, de faire de toi ce que je voudrai, mais non pas de te faire faire ce qui ne dépendra que de ton vouloir. Or, c'est cette volonté que je veux acquérir, afin que, pendant deux mille ans, tu agisses selon qu'il me conviendra.

« — J'entends ; c'est mon libre arbitre que

je t'engagerai. Ceci, maître Satanas, est un second marché ; que me donneras-tu en retour ?

« — Ce que je te donnerai... un trésor inestimable. Demain, n'est-ce pas, tu en as fini avec ton corps et avec ton âme. Eh bien ! si aujourd'hui tu traites avec moi, ton corps seul m'appartiendra, et tu rentreras dans la libre disposition de ton âme. Cela te va-t-il ?

« — Un moment... je réfléchis.

« — Décide-toi.

« — Patience... tout doux.

« — Eh bien !

« — Eh bien ! je ne veux pas ; je ferais un marché de dupe. Je t'ai vendu le fourreau et la lame, soit... parce que cela m'accommodait ainsi ; maintenant, toi qui n'as pas voulu de l'un sans l'autre, à mon tour, si tu me rends tout, je m'engagerai à te complaire, pendant deux mille ans, dans la moindre de tes fantaisies.

« — Bah! que me fait une âme de plus ou de moins! Dans quelques siècles, des gens appelés philosophes, et d'autres qu'on nommera doctrinaires et libéraux, m'en rendront en France plusieurs millions dont la malice m'embarrassera. Je peux donc faire à présent litière franche d'une âme. Tope donc... va pour ta libération pleine et entière, à condition que, pendant deux mille ans composés chacun de trois cent soixante-cinq jours et six heures en plus, tu ne parleras, n'agiras, ne penseras que par ma seule impulsion; que tu iras où je te dirai d'aller, diras ce que je te dirai de dire.

« — Oui, oui, et toujours oui. Ça, donc à l'œuvre!

« — A l'œuvre!... allons, allons.

« Et tous les deux, sortant de l'ancienne voie romaine, s'enfoncent dans la forêt qui couvre le versant méridional de la montagne Noire. Là nuitamment ont lieu les cérémonies mystérieuses que Lucifer emploie à la composition magique des pactes qu'il forme avec l'un de nous, mortels misérables. Bozon se prête à tout, reprend sa première promesse, et en signe une seconde dans laquelle l'esprit infernal explique son projet : à savoir que le sire de Montolieu travaillera sans relâche, pendant deux mille ans, à faire aux hommes tout le mal possible ; qu'il tentera de les séduire, d'égarer leur raison, d'éblouir leurs yeux, de troubler leur tête, de pervertir leur cœur, de perdre leur âme ; que particulièrement, jour et nuit, à toute heure, il s'entremettra pour rompre le bien que moi, Arnould, ferais de mon côté ; qu'il tentera d'entraîner à leur damnation ceux que je tâcherai de conduire à la béatitude ; en un mot, pendant deux mille ans nous serons l'antagoniste permanent de notre ancien ami.

« Bozon, malicieux en diable, trouva du plaisir ou, suivant vos romantiques, du charme dans ce nouveau métier ; cela l'occuperait pendant deux mille ans, et lui aiderait à passer une éternité qui semblait devoir être furieusement longue; et de plus, au bout du terme, sa liberté rendue lui procurerait les moyens de conclure un nouveau marché.

« Sa scélératesse infernale (celle de l'humain, veux-je dire) lui suscita dès-lors la pensée surtout de s'attacher avec plus d'opiniâtreté à ma descendance et à la sienne. Aussi, dès qu'il naît un enfant dans les deux familles qui existent encore, bien que l'une d'elles ait perdu tout souvenir de sa première illustration, Bozon ne cesse plus de rôder autour du dernier né, mais en vain, au moins pour mes petits-fils, tous ont échappé jusqu'à aujourd'hui à sa persécution acharnée, tandis qu'il est élevé le chiffre de ceux des siens qui bouillent du pandemonium ; et, à cette heure, je me flatte de lui arracher celui des miens et celui des siens que sa rage poursuit. »

IV

—Serait-ce possible, s'écria le marquis Damatien de Montare, que je vous appartienne par les liens du sang, vénérable religieux, et que mon ami Albert de Roquevel, qui se croit de race paysanne, remonte d'aïeux en aïeux aux époques les plus reculées de notre monarchie? Combien, pour ma part, je me réjouis d'avoir un protecteur si paternel! Souffrez donc que mon respect et ma reconnaissance.....

— Mon fils, répliqua humblement le moine, je suis un pécheur malheureux soumis à la volonté divine, et rien au-delà. Certes, je ne vous ferai faute ; mais vous êtes faible, jeune encore, dans l'âge fatal des perditions, et je crains... Quant à votre ami, croyez-moi, ne lui dévoilez jamais un mot de ceci ; son orgueil, sa vanité exagérée, et d'autant plus véhémente, qu'il la déguise sous son libéralisme, ne le pousseront que trop à sa perte ; il courrait au grand galop vers la perdition ; retenez-le au bord de l'abîme ouvert sous ses pas ; prenez garde même à ce qu'il ne vous contraigne à y tomber avec lui.

— Ce méchant revenant, demanda le marquis de Montare à voix basse et en portant les yeux à l'entour, nous écoute peut-être.

— Oui, mais il n'entend pas.

— Comment!

— C'est là son supplice, il ne peut me rien cacher de ce qu'il fait, et lui ne voit et n'entend ni mes actes, ni mes paroles ; il conjecture, il soupçonne, et c'est tout. Hélas! cela lui suffit pour faire un mal incroyable; défiez-vous de lui, car dès qu'il se transforme en homme quelconque, dès qu'il n'a plus sa propre figure, à mon tour, il ne m'est plus permis de vous signaler sa présence, telle est la loi du ciel, afin que le libre arbitre puisse s'exercer volontairement. C'est lui qui a rompu vos projets de voyage, lui qui vous a fait séjourner ici... Dans quel but, je l'ignore; c'est au moins pour suivre toujours, croyez-le bien, la tâche de nuire et vous engager davantage l'un et l'autre dans une route contraire à celle du salut.

— Un bon averti en vaut deux, vénérable fantôme, ou mon bienheureux aïeul, car je ne sais comment vous désigner.

— Appelez-moi Arnould le pénitent, ne me donnez pas d'autres titres; quant à lui, qu'il soit ce qu'il est pour ceux du pays, le terrible *Homme de la Nuit ;* et cette qualification, qu'il a rendue si fameuse et si redoutée dans le département de l'Aude, le désigne convenablement. Il est, lui, le véritable *Homme de la Nuit...* Mais, adieu, plus tard nous nous reverrons ; alors...

Un nouveau coup de tonnerre, et l'un des plus terribles de ce grand orage, une recrudescense furieuse dans le tourbillon de la rafale, donnèrent une telle commotion au marquis de Montare, qu'il se leva à demi-assoupi de dessus son fauteuil, et au cri aigu qu'il poussa, Alfred Roquevel, son ami, s'éveillant, lui aussi, en sursaut, lui demanda avec gaîté si l'*Homme de la Nuit* venait lui faire sa visite.

— Qui, Bozon, sire de Montolieu, répliqua Damatien d'un ton effaré, tandis que regardant à l'entour il cherchait à voir où était le moine mystérieux, son aïeul, avec qui tout-à-l'heure il venait de causer.

— Qu'est-ce que le sire de Montolieu, répondit Alfred, je ne le connais pas, c'est de l'*Homme de la Nuit* que je te parle.

— Grâce à Dieu! non je ne l'ai pas vu.

— Eh bien! dans ce cas, tu es moins heureux.....

Ici Alfred s'arrêta, car en face de lui et en arrière de Damatien, il vit celui dont il parlait lui faire avec sa main un signe impérieux de discrétion.

— Moins heureux que toi, veux-tu dire, répliqua le marquis surpris au suprême degré de ne plus apercevoir dans la salle l'homme qui lui parlait lorsque le dernier coup de tonnerre avait éclaté.

— Non, reprit Roquevel, mais moins favorisé que tant d'honnêtes bourgeois, paysans ou militaires du lieu, qui tous, selon Clare, ont joui de cette vision béatophique.

— Il me tarde que le jour se lève.

— Et moi que la tempête finisse. Quels éclairs, quels sifflements de vents; assurément si le tapage dure encore une heure, le château achèvera de descendre dans les fossés.

— Rendors-toi, il est moins de cinq heures.

— Je ne le peux pas, je me sens porté au contraire à te céder la place; oui, reviens au lit, j'ai envie d'écrire.

— Non pas, s'il-te-plaît, à chacun son lot, à toi le lit maintenant, que dis-je? à toi jusqu'au sommeil.

La surprise du marquis ne fut pas médiocre, lorsqu'un ronflement prolongé lui fit connaître que déjà son ami était assoupi de nouveau; ce passage de la veille au repos, selon lui, conduit si rapidement, lui annonça une nouvelle merveille; pour s'en assurer, il se leva, courut au lit, et secoua l'endormi à divers reprises sans pouvoir le ramener à l'existence commune, et en même temps ses regards erraient autour de la chambre.

La porte secrète s'ouvrit, un homme âgé d'environ soixante ans, presque bossu, mais habillé de manière à ne laisser voir sa gibosité qu'à demi, la franchit et marcha vers la cheminée; il était mis avec une sorte d'élégance et tout en gris de fer, les souliers, les guêtres, le pantalon, la redingotte et le chapeau, sauf le gilet blanc ainsi que le mouchoir de col. Il tenait à la main une cravache à pomme d'or représentant une tête de cheval marin curieusement ciselée et dont les yeux étaient des rubis. Ce monsieur portait deux montres avec les chaînes, l'une de belliqueux acier d'Angleterre, et l'autre en admirable jaseron de Venise; une figure antique sur une agathe lui servait d'épingle de col; et une riche émeraude luisait à l'annulaire de sa main gauche. Ses traits durs, son sourire sardonique, son air hautain, annonçaient en lui le gentilhomme de cour amené par des événements à faire le gentillâtre. Il marcha d'un pas délibéré vers le marquis, quelque peu étonné de cette apparition nouvelle, et sans lui laisser le loisir de rien manifester, il dit :

— Comment me trouvez-vous, mon enfant, sous ce costume et sous ce visage, ce sera la forme ordinaire que je revêtirai dorénavant lorsque je voudrai vous voir et vous parler. Vous allez à Carcassonne, là nous nous rencontrerons, on m'y prendra pour le comte de Roquecourbe que j'ai amené dans une des grottes de la montagne Noire, et sous son masque je vous défendrai mieux des attaques de l'*Homme de la Nuit*.

— Vous faites bien de me dire ces choses, répondit Montare, car jusqu'à ce moment je vous ai pris pour lui, vous changez donc à volonté de visage.

— Et de forme, celle de moine va peu au dix-neuvième siécle, et le prévient défavorablement, n'est-ce pas, je gage que vous me préférez ainsi?

Damatien n'osa pas contredire son parent. En réalité, il eût mieux aimé la robe monacale ; cependant il se tut sur ce point.

— Si vous êtes si puissant, que n'appaisez-vous l'orage !

— Il vous trouble ?

— Moi ! non.

— Vous aimeriez mieux un ciel pur ? Eh bien, qu'il soit fait selon votre fantaisie.

Alors le son de la foudre s'assourdit, les sifflements du vent diminuèrent de violence, le château cessa d'être ébranlé dans ses fondements et la terre de trembler. Cette marque d'autorité sur la nature effraya presque le marquis, forcé de reconnaître l'existence d'un autre monde, chose dont il avait presque douté jusqu'alors. Le fantôme, son aïeul, après quelques moments de silence, lui redit :

— Maintenant que nous avons fait pleine reconnaissance, je vais vous quitter, nous ne nous reverrons qu'à Carcassonne. Pensez-vous y séjourner long-temps ?

— Je ne sais, nous voulons, Alfred et moi, laisser s'assoupir la rumeur de son triste duel.

— Ah! oui..... un mauvais coup..... Commettre un adultère et puis tuer le mari... c'est beaucoup.

— C'est trop, et vous pensez comme moi. Sir Edgard, baronnet d'Hertfort, à une famille nombreuse, noble, riche et vindicative, dit-on, il est parent de l'ambassadeur d'Angleterre, et de plus il a un frère.....

— Qui lui ressemble étonnemment...

— Le saviez-vous? demanda le fantôme, ou pour mieux dire le comte de Roquecourbe.

— Alfred l'ignorait, et moi aussi.

— Eh bien, je vous l'apprends : Sachez en outre qu'il chérissait tendrement son frère, et qu'il a juré de venger sa mort.

— Ah! que m'apprenez-vous, je crains pour Roquevel!

— Et vous avez raison de craindre; cet Anglais est capable de tout, à votre place...

— Eh bien! que feriez-vous?

— Je changerais de nom, vous et lui, pourquoi ne s'appellerait-il pas momentanément Farguerolles, du nom de la terre qu'il possède dans les Vosges? Pourquoi, vous, afin de dépister mieux sir Olivier Hamelstonn, le frère de d'Hertfort, ne vous appelleriez-vous pas Talmire comme votre mère? de cette façon, les émissaires ne rencontreraient pas ceux qu'ils cherchent sous d'autres noms.

— Votre idée est bonne, comment la mettre en jeu; on ne peut commettre des faux et surcharger des passeports, tout est si réglé maintenant.

— Quant à ceci, c'est, avec un être tel que moi, s'embarrasser de peu. Tenez, poursuivit le fantôme en présentant des papiers qu'il tira de sa poche, voici quatre nouveaux passeports avec les noms que je vous impose : vos gens sont fidèles et discrets ; John, l'Irlandais, déteste les Anglais encore plus que Clare, et ce n'est pas peu dire. Voici d'autres pièces, lettres, contrats, documents, pour corroborer le reste en cas de besoin ; vous serez à l'abri de toute poursuite.

— Je crains, dit le marquis, auquel je conserve son nom comme je le ferai de ceux de son ami, du valet de chambre français et du jockey de la vieille Érin, que Roquevel se refuse à ma proposition ; il y verrait de la poltronnerie.

— C'est uniquement de la prudence. S'il se refuse à s'affubler du nom de Farguerolles, alors remettez-lui la lettre que je joins au reste. Sur ce, adieu, adieu. Nous nous reverrons à Carcassonne.

Le spectre, sans attendre les compliments du marquis, repassa la porte dérobée et la referma sur lui, laissant le marquis très embarrassé de ce qu'il faudrait faire pour soutenir le nouveau rôle qu'il lui fesait jouer. D'une autre part, il vit dans ce changement de nom quelque chose de sage pour son ami et de piquant pour lui.

Peu après, Roquevel s'éveilla et aussitôt il dit qu'il venait de faire un rêve bien bizarre ; et poursuivant et s'adressant au marquis :

— Que dirais-tu de l'idée de l'*Homme*...?
— Laquelle?

— Il m'est apparu en rêve et d'un air contraint et humilié, parlant comme si on l'y eût forcé; il me conseillait de changer de nom jusqu'à nouvel ordre, prétendant que nous nous amuserions mieux dans cet incognito complet.

— A-t-il tort?

— Non; mais ne serait-ce point de ma part une détermimation peu honorable?

— Non, mon ami; ne sommes-nous point partis pour éviter le tracas et les ennuis de ton duel?

— Oui, bien.

— Dès-lors, qui veut la fin veut les moyens. Il est aussi condamnable de nous appeler, toi Faguerolles par exemple, et moi Talmire, que de n'être pas demeurés à Paris.

— Mais tu me donnes le nom que dans mon rêve l'*Homme de la Nuit* me donnait, et tu prends celui qu'il t'imposait.

— L'as-tu vu ? se dirent en même temps et l'un à l'autre les deux amis.

— Oui, dit Alfred rougissant.

— Voilà ce qu'il vient de me remettre pour toi, ajouta le marquis.

— Pour moi ? Il t'a donc parlé ?

— Non.

— Alors...

— Lis et ne m'interroge pas.

— J'ai vu un bourgeois.

— Moi un gentilhomme.

— Et des deux parts une vision pourtant... Mais voyons, que me mande ce personnage ?

Alfred prit la lettre, la lut, puis la présentant à son ami :

— Veux-tu la parcourir ?

— Je ne suis pas curieux.

— Ce diable d'homme conseille bien... Au reste, comme tu l'as dit, *qui veut la fin...* Bon, j'accepte le nom.

— Et moi le mien.

— Qu'est-ce encore?

— Quatre passeports. L'un fait de Clare un Georges Petrel; le second donne à John le nom de Niger; les deux autres nous métamorphosent toi en Farguerolles, moi en Talmire; et puis voici des lettres de recommandation pour les maisons où les autres nous auraient amenés : n'est-ce pas la même chose?

— Oui certainement; mais alors, qui donc avons-nous vu ce jour?

— Dis plutôt cette nuit.

— Le cas est étrange.

—Non! cria une voix si formidable que les deux amis tressaillirent avec un mouvement d'effroi naturel; ils s'entre-regardèrent piteusement, puis blêmirent, puis tombant dans les bras l'un de l'autre, ils se promirent de garder un silence complet au sujet des merveilles des ruines du château de Saissac.

Cependant le jour pointait, l'orage avait disparu. Dès que l'aurore eut doré le faîte des tours crénelées, un bruit de pas et de voix, les piaffements et hennissements des chevaux annoncèrent à Roquevel et à Talmire que les hôteliers et leurs gens étaient réveillés pareillement.

Peu après, maître Pinel entra suivi de Clare et de deux curieux, habitants de Saissac. Ils venaient, sous prétexte de proposer la manducation d'un déjeûner matinal, reconnaître comment les deux voyageurs avaient passé la nuit. Ni l'un ni l'autre ne se plaignaient des visions qui les avaient tourmentés. Les choses se seraient donc passées à merveille : par malheur Roquevel demanda inconsidérément à l'hôtelier s'il n'avait donné l'hospitalité à aucun autre passager dans le château de Saissac. La réponse fut négative; néanmoins Clare branla la tête, et se penchant vers son parent :

— Ils ont vu!!! dit-il.

Pinel lui serra le bras et ne répliqua pas.

Le déjeûner, non moins substantiel que le souper, fut servi incontinent. Un peu avant, Roquevel et Montare ayant pris à part chacun son domestique, les prévinrent du changement de nom qui fut accepté sans aucune réflexion. Bien en prit à ces messieurs d'avoir hâté cet acte de prudence; car vers la fin du repas, un brigadier de gendarmerie entra poliment et avec des formes exquises demanda les passeports. On lui exhiba ceux survenus nuitamment; il les examina pour la forme, les déclara excellents et se retira après avoir fait une profonde révérence.

Le bien-être du déjeûner avait alourdi les deux amis; neuf heures sonnaient, non plus à l'horloge mystérieux du château, mais au clocher de la paroisse, lorsque la caravane parisienne se remit en route se dirigeant vers Carcassonne. Le marquis de Montare était mélancolique ; l'ex-négociant (ce titre convient-il au fils d'un banquier?) se montrait rêveur et réfléchi ; ni l'un ni l'autre ne cherchaient à causer.

Clare les examinant avec une attention inquisitoriale, se penchait ensuite parfois vers John et lui disait à voix basse : Sois sûr, inglismen, que ces messieurs ont vu.

— Qui ou quoi vu ? s'écria enfin Roquevel affectant de la mauvaise humeur ; mons Clare m'expliquera-t-il ces paroles ?

— Eh! monsieur, celui qui ne cesse pas dans toute la nuit d'aller du château aux nuages et des greniers dans les souterrains.

— Et tu le nommes ?

— L'*Homme de la Nuit*... Vous l'avez vu : j'en appelle à votre rêverie, à votre pâleur et au tressaillement que vous venez d'éprouver lorsque je vous ai dit son nom.

— Et toi, Clare, repartit le marquis, ne t'a-t-il pas honoré d'une visite?

— Est-ce sérieusement que M. le marquis me fait l'honneur de me questionner?

— Qu'importe ici le ton? dit en riant Roquevel.

— C'est que je doute que monsieur puisse plaisanter d'un homme que lui-même a vu et auquel il a parlé.

— Ah! par exemple, s'écria Roquevel; te flatterais-tu de me faire convenir de la chose?

— Monsieur, vous avez promis le secret, c'est bien; mais vous avez vu... et cela aussi certainement que je vous parle.

— Qui t'as instruit d'une chose que tu dis être si secrète?

— Celui qui vous a commandé de la taire.

— Quoi! toi aussi tu as vu?

7

— Oui, *moi aussi* j'ai vu, j'ai entendu.....
Ah! monsieur Roquevel, défiez-vous de sir
Edgard baronnet d'Hertfort.

A ce nom jeté comme un coup de foudre au milieu d'une conversation sérieuse il est vrai, d'un côté, mais badine de l'autre, le marquis sortit de sa méditation et son ami se rapprocha de Clare. Le premier prenant la parole, dit alors :

— Clare, que dis-tu là! pourquoi rappeler ce triste souvenir.

— Est-ce ma faute si l'on m'oblige à prononcer son nom. Maître Pinel a beau dire, *on revient* dans son château délabré, et je vois que maîtres et domestiques ont eu la même vision.

— Clare, dit à son tour Roquevel, conte-nous tes aventures nocturnes.

— Elles sont courtes, mais elles sont bonnes comme on dit. Vous savez que l'on nous avait mis, John et moi, dans une chambre tout contre la vôtre, messieurs. Dès que nous pûmes y aller, nous nous y rendîmes. *Le Pichot* (le petit) dormait tout debout, et sans se déshabiller, il se jeta sur la couchette. Loin de l'imiter et avant que de me livrer au sommeil, déterminé que j'étais à ne pas quitter aussi mes vêtements. Le lieu m'étant peu agréable, je me ressouvins d'un *Pater* quotidien que je répète chaque jour par respect pour ma mère, je le dépêchais tant bien que mal..... Voilà qu'une porte dérobée, que je n'avais pas vue auparavant, fut incontinent ouverte, et un paysan m'apparût.

« —Eh! camarade, lui dis-je, tu te trompes de chambre; si tu couches dans le château, ce n'est pas là où Pinel t'a logé.'

« — Soit, me répondit-il; mais comme c'est à toi que je dois rendre compte de mes démarches, souffre que j'aille librement partout où m'envoie la volonté de qui est au-dessus de nous ; par exemple toi, Clare, brave soldat, je te charge de dire à l'ami de ton maître qu'il se défie de l'homme qu'il a tué, car sir Edgard, baronnet d'Hertfort, lui prépare des pièges dans lesquels il tombera s'il ne recourt à la prudence humaine. — Fais ceci, ajouta-t-il ; nous sommes dans un lieu maudit, que tes maîtres et toi se défient d'un homme acharné à leur nuire ; que dis-je ? d'un homme… Il le fut. » Après avoir dit ces mots, le prétendu paysan est sorti de ma chambre sans faire plus de bruit qu'en y entrant.

— Tu as rêvé tout ceci, Clare, dit Roquevel en affectant de rire, car la gaîté n'était plus dans son cœur.

— Non, milord, répliqua John qui, jusqu'à ce moment, avait gardé un profond silence. M. Clare vous dit la vérité, car j'ai reçu moi-même un avertissement pareil.

— De plus fort en plus fort, s'écria Roquevel en essayant de se faire passer pour un incrédule, lorsque déjà il ressentait en lui une conviction écrasante. Alors John, honnête Inglishman, comme il plaît à Clare de te nommer, conte-nous ton rêve, ou plutôt ta vision.

Le jeune homme dit avec une expression naïve et franche, qu'au milieu de la nuit une dame lui était apparue; elle était âgée et grave, toute vêtue de noir et de blanc; elle était sortie comme à travers de la muraille, et venue se placer auprès de son lit, où lui frissonnait de male-peur pendant cette apparition si peu commune. La dame lui avait dit très distinctement de prévenir son maître qu'avant peu sir Edgard-Herfort lui jouerait un méchant tour. Cela débité, elle s'était reculée, et ouvrant une armoire, y était entrée, et puis tout avait disparu.

— C'est singulier, ne put s'empêcher de

dire le marquis lorsque, de lui-même, il eût voulu changer la conversation.

— Si ce malheureux Edgard vivait encore, répondit Alfred, je concevrais que je dusse le craindre; mais, hélas! je l'ai bien vu couché mort à mes pieds; et toi, Damatien, n'étais-tu pas avec moi, n'as-tu pas, comme moi, pris ta part de ce pénible et sanglant spectacle? Dès-lors, quel mal peut-il me faire?

— Te punir, cria une voix tonnante qui sembla partir du vague de l'air.

Les quatre voyageurs étaient alors au centre d'une plaine vaste, et où il ne paraissait aucun abri propre à se cacher.

V

Plusieurs jours s'étaient écoulés depuis que les deux amis habitaient Carcassonne, sous le nom nouveau qu'on leur avait imposé si mystérieusement l'un et l'autre. Tout occupés de leurs plaisirs, ils semblaient ne plus se ressouvenir des merveilles qui s'étaient empressées de signaler leur passage à Saissac. Admis dans la meilleure compagnie de la ville, fréquentant également l'évêché, la préfecture, l'hôtel du receveur-général, celui du maréchal-de-camp commandant le département, les maisons des personnes considérables où l'on se réunissait, ils n'étaient qu'incertains sur le choix des divertissements.

Parfois la chasse, dans les montagnes giboyeuses qui environnent Carcassonne, située dans un bassin, entre les montagnes Noires au nord, les montagnes d'Alaric ou des Corbières à l'est, les Pyrénées au plein midi, et la Malapeyère à l'occident ; la pêche dans l'Aude, le canal ou les petites rivières qui tombaient des hautes collines voisines ; des promenades ayant un but de curiosité scientifique ou d'agrément ; tout enfin leur rendait leur exil supportable.

Un soir qu'il y avait bal à la préfecture, une dame de Rivelline, dont les ascendants avaient passé en Angleterre, et, pour mieux dire, en Écosse, dix à douze années d'émigration, entra, et s'adressant au haut magistrat, lui demanda la permission de lui présenter un Anglais, homme de qualité et prodigieusement riche. Ce premier soin rempli, elle s'en vint auprès de Roquevel, occupé à parler à *la fleur des pois* du lieu, une jeune veuve, noble, riche, belle et gracieuse.

Roquevel, facile à s'enflammer, n'avait pu voir la jolie vicomtesse de Norevelle sans lui apporter ses hommages ; elle l'écoutait en riant, et c'était beaucoup. Or ce soir, on eût dit que la charmante provinciale lui répondait avec plus d'abandon ; sa joie était extrême en ce moment ; il lui sembla que quelque chose de particulier, de pénible, de saisissant, d'entraînant même, s'emparait spontanément de madame de Norevelle ; ses yeux demeuraient immobiles, pendant qu'une sorte de fascination s'y laissait deviner.

Inquiet de ce qui pouvait causer cette distraction désagréable pour ses prétentions, il allait se retourner, quand on frappa sur son épaule, et en même temps la voix bien connue de madame de Norevelle retentit à son oreille avec son bourdonnement monotone; c'était une femme sèche, vieille, méchante et bête, avec toutes les prétentions possibles à la grâce, à la jeunesse, à la beauté et à l'esprit; maniérée, prétentieuse, elle jalousait toutes les femmes belles et aimables. Ravie, en cette circonstance, d'enlever à la vicomtesse l'un des deux lions parisiens, elle accrocha Roquevel par un bras.

— M'excuserez-vous, monsieur, lui dit-elle, de me mettre en tiers dans une conversation si intéressante; mais on m'y force, vous êtes étranger parmi nous, monsieur de Forguerolles (on sait que c'était le nom pris par Roquevel); et voici un jeune et bel Anglais, aussi *cossu* que noble, qui désire faire votre connaissance. Monsieur de Forguerolles, je vous présente sir Olivier Hamelstonn, sir Olivier Hamelstonn ; je vous présente M. Alfred de Forguerolles.

Le nom du Breton n'était entré pour rien encore dans l'émotion singulière qui venait de s'emparer de notre Parisien. Au lieu d'accueillir avec politesse celui qui bienveillamment avait voulu se rapprocher de lui, il restait là, debout, immobile, l'œil ouvert, le cou tendu, dans un état d'ébahissement, ou plutôt de stupéfaction sans pareille ; et, en effet, il avait bien ses raisons pour paraître ainsi étonné.

Quinze jours avant d'entrer à Carcassonne, Alfred Roquevel était à Paris singulièrement attaché à une de ces souris délicieuses (un Turc dirait houris) que si improprement on qualifie du nom de *rat* à Paris, ce qui en langue vulgaire signifie une danseuse des chœurs à l'Académie Royale de Musique, autrement dit l'Opéra. Cette gentille créature, leste comme un cabri, sotte comme un panier, peu jolie d'ailleurs, mais tellement froide, niaise, stupide et coquine, qu'avant sa dix-huitième année elle avait ruiné deux épiciers en gros, un pharmacien philosophe, trois courtiers de commerce, un gentilhomme et cinq insensés.

Roquevel, par amour-propre, depuis deux semaines s'était mis sur les rangs, et comme il n'était encore que l'amant du cœur il n'avait pu manger en quinze jours que quarante mille francs; aussi le rat et ses camarades s'étonnaient-elles de son bonheur qui lui faisait avoir à si bon marché une créature tant courue. La fortune de Roquevel, quoique solide et étendue, y eut passé néanmoins, si le seizième jour, vers onze heures du soir, au moment où il se préparait à chercher son passe-partout pour entrer chez la belle figurante, il n'avait vu un seigneur anglais le précéder et être introduit furtivement.

Peut-être que si on eut seulement conté la chose à Roquevel, il n'aurait fait qu'en rire: mais il la voyait, et son amour-propre en était blessé; aussi, sans plus attendre, dès que la porte eût été fermée, il la rouvrit avec sa clé, entra furtivement et vit.... ce qui décida le roi Astolphe et son ami Joconde à courir le monde!

Lui, au lieu de prendre son parti aussi philosophiquement, se mit à faire le boutiquier, l'homme de mauvais goût, à tapager en un mot; il apparut furieux et ridicule, donna un soufflet au baronnet sir Edgard Hertfort, quelques coups de cravache à la fille, ce qui constitua pleinement son origine plébéienne, et l'esclandre complète, courut en rendre raison à l'Anglais.

Le marquis Damatien de Montare, son ami parfait, lui servit de second dans cette triste affaire que les circonstances antécédentes devaient rendre un combat à mort. Le résultat du duel fut contre le droit des gens; l'offensé, certes, était l'Anglais, eh bien! ce fut lui qui succomba; sir Edgard ayant tiré son premier coup et manqué son adversaire, celui-ci s'était avisé de lâcher en l'air la balle de son pistolet.

Peu touché de ce procédé, le baronnet, qui voulait la mort ou la vengeance, demanda le combat à l'épée. Ici encore il eut du malheur; le fer de son adversaire le frappa droit au cœur et il tomba expiré sans presque avoir eu le loisir de soupirer.

Le marquis ramena dans Paris Roquevel désespéré, le garda à vue pendant les quelques heures qui furent employées à disposer les objets nécessaires à un départ, et comme à l'avance l'un et l'autre étaient munis d'un passeport qui, comme celui de leurs gens, n'avait que six mois de date, ils ne le firent point renouveler.

Partis le même jour de ce funeste événement, ils allèrent coucher à une terre appartenant au marquis et située à une ou deux heures au-delà de Versailles. Le lendemain, et par la route de Chartres, ils revinrent gagner celle d'Orléans, et s'enfonçant dans les provinces méridionales, il parcoururent rapidement, car ils étaient bien montés, Limoges, Brives, Cahors, Montauban, Toulouse; là, au lieu de suivre la grande route qui traverse Villefranche, ils allèrent par Préservilles, Quint, Foncegrives, Lanta-Caraman, Saint-Felice, Montaigu et Revel admirer le célèbre bassin de Saint-Féréol et visiter le fameux collège de Sorèze.

C'était à la sortie de ces deux lieux, et en traversant la montagne Noire, que les deux amis étaient venus coucher au château de

Saissac où ils avaient eu la singulière visite des revenants qui l'habitaient. Or, depuis quinze jours ils habitaient la ville de Carcassonne. Un mois donc s'était à peu près écoulé depuis le moment douloureux du trépas de l'Anglais, et cependant sir Hertfort lui-même, ou du moins son image vivante apparaissait maintenant à Roquevel.

N'était-ce pas sa victime? Elle lui était parfaitement connue, car depuis une année environ ils fréquentaient ensemble l'Opéra, les Bouffes, le bois de Boulogne, Tortoni et le Café Anglais; ils étaient membres du même club, donc Alfred savait par cœur, comme on dit, le visage d'Edgard, et il le voyait à cette heure devant lui positivement. Oui, c'étaient ses traits beaux, froids et fiers; sa tournure aristocratique, ce pied mignon et bombé par-dessus, ces mains petites, blanches, rosées, l'éternel désespoir de nos patauds lions de bas étage, et qui veulent être du grand parce qu'ils ont revêtu la même crinière. Ce regard fixe et glacé, ces yeux d'un bleu clair ordinairement remplis de mélancolie, et maintenant, au contraire, lançant une flamme vive et menaçante.

Oui, c'était sir Hertfort! Cependant quelque chose de sardonique, de malin et d'amer étincelait dans son sourire; si c'eût été lui, il aurait manifesté quelque émotion à la vue de son meurtrier; comment, d'ailleurs, eût-il été rappelé à la vie? Le coup fatal qui l'en avait privé y avait mis un obstacle invincible. Si donc ce n'était pas lui, c'était au moins sa vivante image.

Le prodige diminuait à l'audition du nom que Madame de Rivelline venait de prononcer. Alfred de Roquevel savait comme le marquis de Montare que l'infortuné baronnet avait un frère jumeau dont la ressemblance avec lui était frappante; or, le nom de l'Anglais que l'on avait conduit devant lui était le nom de ce frère, sir Olivier Hamelstonn, ainsi désigné en raison de la clause du testament de leur aïeule commune qui, en donnant au puîné, Olivier de Hertfort, toute sa fortune disponible, avait exigé qu'il ne s'appelât plus que comme elle, Sir Hamelstonn.

Au sang-froid avec lequel le noble Anglais aborda le jeune Français, à la manière amicale qu'il mit à lui serrer la main, Alfred demeura persuadé que le frère de son rival, qui d'ailleurs n'était pas venu en France avant ce funeste événement, n'allait pas deviner sous le nom de Forguerolles le meurtrier d'Edgard, son bien-aimé. Roquevel en éprouva tout ensemble de la joie et du chagrin; un autre duel avec un tel adversaire, s'il eût encore été heureux pour lui, l'aurait condamné à des regrets trop amers.

Après les premiers compliments, et madame

de Rivelline ayant parlé du marquis de Montare, Roquevel cette fois sollicita le droit de présenter son ami à sa nouvelle connaissance; cela dit, il quitta celle-ci précipitamment avec le dessein caché d'aller prévenir Damatien de la rencontre extraordinaire qui avait lieu ce même soir, et pour empêcher que ce dernier, non averti, ne laissât éclater sa surprise.

Mais au moment où Alfred abordait son ami, celui-ci lui prenant la main, lui dit avec une voix altérée :

— L'as-tu vu, Alfred?... l'as-tu vu?

— Qui?... qui?

— Cet infortuné... ta victime déplorable! Elle est ici... elle vit!... Qui m'expliquera ce prodige?

— Moi, répondit Alfred en riant; j'avoue que mon début auprès de ce monsieur a été égal à ton agitation actuelle; reviens à toi, Montare... ce n'est pas un fantôme envoyé par le ciel pour me persécuter, c'est sir Olivier Hamelstonn, frère comme tu sais du pauvre baronnet.

— Ah! c'est lui!... lui!...

— En personne.

— Et tu le crois?

— J'avoue, repartit Roquevel avec un vif redoublement d'hilarité, qu'entre la croyance d'un spectre venu de l'autre monde pour me punir et d'un frère jumeau à ressemblance merveilleuse avec son menechme, je penche plutôt vers celle toute naturelle, que je ne vais du côté de celle qui m'obligerait à admettre un miracle.

— N'en avez-vous pas vu un naguère? dit derrière les deux amis une voix aigre et railleuse. Ils se retournèrent subitement... le comte de Roquecourbe était devant eux. A sa vue l'un et l'autre tressaillirent; car si le marquis voyait dans cet homme le spectre repentant du leude de Saissac, du pénitent et saint Arnould, Roquevel plus surpris encore, reconnaissait dans les traits du même personnage ceux de cet *Homme de la Nuit* qui s'était permis de le railler.

Il le regardait encore avec une attention mêlée de dépit et de terreur, lorsque le nouveau venu et à demi-Ésope se hâta de le prendre par le bras, et l'ayant amené à l'autre côté du salon.

— Convenez, lui dit-il en éclatant de rire, que l'autre soir, au château de Saissac, moi et mon compagnon de voyage, M. Renaudin, bourgeois de Puylaurens, jouâmes merveilleusement notre rôle... allons! convenez-en. Vous avez pris le comte de Roquecourbe pour le méchant *Homme de la Nuit,* et l'honnête protestant et propriétaire d'une ville voisine pour le demi-bienheureux Arnould.

— Il est vrai, Monsieur, repartit Alfred piqué de cette familiarité de gentilhomme qui lui parut une nouvelle offense, que vos dispositions à imiter le diable sont si étonnantes, que vous êtes parvenu à m'effrayer ; mais puisque vous êtes un homme pareil à moi...

— Je dois, dit le malin bossu en l'interrompant, me rendre demain sur le pré pour que vous m'expédiiez comme vous avez fait de sir Edgard Hertford. Lorsque j'avais trente ans encore je me serais senti assez fou pour vous prêter le collet ; mais j'en ai soixante bien sonnés quoiqu'à peine j'en paraisse avoir cinquante (*il disait vrai*), et à mon âge actuel on tient trop à ce qui nous reste de vie pour le perdre ainsi ; d'ailleurs vous êtes trop de bon goût et de parfaite compagnie pour vous fâcher d'une mystification bien étonnante. Je vous aime, jeune homme, et cela par une bonne raison, c'est que nous sommes du même sang, et que comme je ne me vois plus de proches, vous êtes et serez mon héritier.

Le fils du banquier qui se croyait pleinement du tiers-état par ses obscurs ancêtres, se sentit rougir et son corps frissonner à ces dernières paroles, tant elles savaient si bien réveiller sa superbe! lui noble! lui de haut sang; de sang violet enfin! c'eût été trop de joie. Habile à taire cette impression, il répondit d'un sourire dédaigneux :

— Il y a erreur dans vos paroles, monsieur le comte de Roquecourbe (*il insista sur ces deux mots*), ou fantaisie peu obligeante de poursuivre votre plaisanterie de l'autre soir. Mon père était banquier, mon aïeul petit marchand, et le père de celui-ci travaillait la terre.

— Soit! Tout cela, mon cher enfant, est rigoureusement vrai; mais puisque vos connaissances généalogiques sur votre ascendance paternelle s'arrête à votre quatrième bisaïeul *Christophe-Népomucène Roquevel*, je vais la continuer. Il fut fils d'un *André-Jean Roque-vel*, laboureur comme lui, et certes jamais l'agriculture ne fut une dérogeance, lequel eut pour père *Louis-Pierre Roquevel*, cru bourgeois de Sceaux, et en réalité *Louis-Pierre de Roquecourbe*, septième fils d'Adrien, comte de Roquecourbe, notre frère commun. Ce *Louis-Pierre* d'abord Roquecourbe puis Roquevel, et d'abord reconnaissez la racine du nom primitif, était, il faut le dire, l'un des amis de ce duc d'Angoulême, bâtard du dernier des Valois, et comme lui, peu honorable dans sa vie : éhappé à vingt mauvaises affaires, condamné par trois Parlements à avoir la tête tranchée, poursuivi particulièrement par le cardinal de Richelieu, il quitta la France, alla servir sous les drapeaux du grand Gustave-Adolphe, et blessé et pauvre, rentra en France. Il passait à Sceaux, là il s'amouracha de la fille d'un laboureur. Se sachant déshérité et sous le coup d'une sentence mortelle, il épousa sa maîtresse sous le nom de Roquevel qu'il avait pris, et il mourut en 1637, sans avoir découvert son origine, même à sa femme ; néanmoins il laissa des papiers très en règle, et constatant son origine. A ce sujet, poursuivit le bossu spirituel, n'est-il pas vrai que votre père, dans son cabinet et sous la même clé que son coffre-fort, gardait une cassette renfermant, disait-il, des papiers importants?

— Oui, repartit Alfred, devenu tout oreille, et dont le cœur battait étrangement ; il gardait là les contrats d'achats de ses terres, de ses maisons, de ses rentes, et il me les a transmis avec sa succession.

— Eh bien! parmi ces actes, vous trouverez un paquet attaché avec un ruban jadis rouge, sur le dos duquel il y a écrit ces mots : *vieux titres*. Votre père et le sien, et son aïeul, n'ont jamais eu la curiosité de l'ouvrir, aucun procès ne leur ayant rendu nécessaire cette recherche ; ils eussent trouvé, 1° là l'acte de naissance de *Pierre-Louis*, chevalier de *Roquecourbe*; 2° une attestation signée par quatre gentilshommes languedociens, ses parents, MM de Bénévent-Rhodès, de Mauléon-Armagnac, de La Mothe-Langon et de Variclery-Carrare, constatant, par leurs seing et scel, que sous le nom de Roquevel se cache le septième fils du comte de Roquecourbe ; 3° nombre de lettres avant et après le changement de nom écrites par ses frères, sœurs, parents et amis ; 4° plusieurs actes judiciaires constatant encore tout ceci ; 5° et enfin sa généalogie bien et duement dressée sur parchemin, portant en émaux et couleurs le blason de ses armes.

— Mais, monsieur le comte, s'écria Roquevel tout joyeux, et qui venait de grandir d'environ deux pouces, à tel point, qu'il avait redressé sa taille depuis qu'il se savait de noble maison, comment avez-vous appris ce que nous ignorions depuis cinq générations, et ce qui, selon vous, est en un lieu si bien fermé?... Au reste, quand j'y songe... Mais hier la diligence m'a apporté une grosse caisse, peut-être mon correspondant, auquel j'avais écrit de m'envoyer d'autres actes dont je peux avoir besoin dans mes voyages, aura-t-il glissé ceux dont vous me parlez avec ceux-là.

— C'est très possible, dit à son tour le comte.

— Je suis un enfant, et vous allez rire de moi.

— A quel sujet, mon neveu?

— C'est que j'aurais envie d'aller sur-le-champ où je loge, et de vérifier...

— Carcassonne n'a pas l'étendue de Paris, dans un quart-d'heure nous serons de retour, car je vous demanderai de vous accompagner

Moi aussi je suis impatient de vous contraindre à me reconnaître pour parent affectueux.

— Eh bien! sortons ensemble.

Et un éclair de malice plus active brilla dans les yeux du comte Bossu.

VI

Le marquis de Montare s'était écarté de son ami et du provincial pendant toute la durée de leur colloque; il s'était imaginé que le bon Arnould voulait prévenir Alfred contre les attaques de l'*Homme de la Nuit*. Ce n'est pas que souvent il ne se querellât lui-même de sa faiblesse superstitieuse : il s'imaginait avoir dormi dans la fameuse nuit passée au château de

Saissac; il se ressouvenait parfaitement de ce dernier coup de tonnerre qui l'avait réveillé en sursaut sur le fauteuil où il s'était assoupi. Or tout ce qu'auparavant il avait vu pouvait bien être un rêve, même l'apparition du comte de Roquecourbe, si bien connu de tous ceux qui s'en ressouvenaient.

Mais les papiers qui changeaient leurs noms donnés d'une façon si inopinée, cela ne pouvait être le résultat d'un rêve : c'était positif. Pourtant, au dix-neuvième siècle, admettre un revenant, la chose n'était point possible. Pendant que ces pensées le préoccupaient ainsi, l'intervention de cette ressemblance frappante d'un cadave avrec un homme vivant, la nécessité de reconnaître réel un prodige horrible ou une ressemblance prodigieuse, tout cela jetait le marquis dans une telle émotion qu'il ne s'aperçut pas de l'absence de Roquevel et certes moins encore de celle du comte;

toute son attention était attachée à regarder constamment sir Olivier.

Bientôt il le vit parler à madame de Rivelline qui aussitôt portant ses yeux là où était Damatien, fit signe à ce dernier de venir à elle.

Damatien comprenant ce qui allait avoir lieu et éprouvant malgré lui une répugnance invincible à se rapprocher de l'Anglais, marchait lentement, comme s'il eût attendu qu'une intervention extraordinaire le sauvât de ces rapports prêts de s'établir entre lui et un étranger qui lui devenait si désagréable. Cependant tout en ce monde a un terme et surtout un voyage circonscrit dans les dimensions du plus vaste salon d'une préfecture, Damatien se retrouva peu après en présence de l'ennemi.

Ici la présentation eut lieu dans sa forme accoutumée. Madame de Rivelline fut l'intermédiaire voulu, plus par l'étiquette britannique

que par celle de France. Aussitôt elle s'éloigna, sa présence devenant nécessaire pour compléter la partie de wisth de l'évêque de Carcassonne. Les deux jeunes gens demeurèrent seuls pour ainsi dire, car les invités ou allaient dans la salle de danse, ou se rapprochaient des tables de jeu.

Sir Olivier profita de la circonstance : il leva d'abord les yeux lentement, les attacha sur ceux de son vis-à-vis avec une fixité désagréable et d'une voix lente lui dit :

— Monsieur le marquis de Talmire est-il Languedocien?

— Non, Monsieur, mais Parisien de naissance; j'ai des terres en diverses provinces.

Or il répondait ainsi, car se dire natif de Paris c'est se réfugier dans un chaos où le plus envieux de connaître votre origine se perdra sans jamais pouvoir se retrouver. Qui est capable de fournir des renseignements sur un enfant de la grande ville? à qui s'adresser pour en avoir ? quel voisin connaît à fond votre histoire antérieure et mieux encore celle de vos proches, de vos ascendants?... Aucun. Les temps écoulés sont pour le Parisien pur sang, des ténèbres que lui seul peut épaissir ou éclaircir à sa volonté.

Questionnez sur un Parisien de Paris qui vous voudrez : en réponse l'on vous dira des mensonges, des conjectures, et jamais la vérité ; et ceci, parce que nul ne la sait positivement et par conséquent ne la peut dire.

Damatien savait ceci, et en se prétendant originaire de la grande ville il se persuadait de pouvoir échapper à toute investigation de recherche tentée par l'étranger. Celui-ci répliqua :

— Vous êtes de Paris, alors peut-être aurez-vous connu ou entendu parler dans cette capitale.....

— Sir, elle est si vaste que rarement on y est en rapport avec ceux que l'on peut connaître.

Ce propos, lancé à travers une question dans le but unique de la détourner ou de l'interrompre, n'eut pas le succès attendu. L'impassible Écossais, dès que le Français eut achevé, pursuivit :

— Du nommé Alfred de Roquevel et de son ami intime le marquis de Montare?

— L'un et l'autre ont occupé parfois le public de leurs aventures.

— Et savez-vous où ils sont?

— Il y a deux mois que j'ai quitté Paris avec mon ami, et alors.....

Ici ce fut l'Anglais qui à son tour lui coupa la parole en disant :

— Il n'y a que quatre semaines qu'eux aussi en sont sortis. J'ai à leur demander un rude compte.

— Lequel ? dit Montare en hésitant.

— Ils ont tué mon frère aîné.

— Qui, eux ! un assassinat ? On les en aurait cru incapables.

— Assassins n'est pas le titre qui leur convienne, je l'avoue. L'un, Roquevel, s'est battu en duel avec mon frère après l'avoir odieusement outragé ; le second a servi d'assistant à cette fatale affaire.

— C'est un combat malheureux, sans doute, mais loyal.

— Oui, l'on a observé les règles en usage, la délicatesse du monde a été satisfaite et à ses yeux les meurtriers de sir Edgard d'Hertfort sont blanchis..... En est-il de même à l'égard de la justice divine ? celle-là s'appaise-t-elle ainsi ? Le sang versé demande du sang pour expiation. Et combien de fois on a vu en présence du meurtrier un cadavre accuser l'assassin !

Pendant que sir Olivier parlait ainsi, ses yeux fixes ne se détachant pas de dessus ceux du marquis, mettaient celui-ci dans une contrainte tout exceptionnelle; il souffrait et parfois soupçonnait l'interlocuteur de trop bien savoir ce qu'il semblait ignorer. Mais il perdit bientôt cette pensée, car sir Olivier poursuivant, dit avec une grâce parfaite :

— Pourquoi vais-je rechercher en votre présence, monsieur, ces souvenirs déchirants? Je veux non les oublier, mais les renfermer dans mon âme. Je ne sais quel sentiment affectueux m'attire vers vous et vers votre ami; ce qu'il y a de certain, c'est que je brûle de vivre avec vous dans une intimité qui me sera bien agréable. L'obtiendrai-je de vous, et aurai-je une réciprocité qui me rendrait heureux?

Damatien voulut répondre affirmativement; mais, soit sa connaissance de l'erreur dans laquelle l'Anglais tombait, soit par l'effet d'une répulsion entraînante, il ne sut que s'incliner et balbutier des mots inintelligibles.

— Mais où donc est votre ami, le chevalier de Forguerolles? reprit sir Olivier ; je voudrais que lui aussi me traitât en frère.

— En frère? répondit le marquis pâlissant.

— Oui, monsieur, en frère tendre. Hélas! pourquoi faut-il que ce malheureux Edgard ne soit plus! lui et moi vous aurions répondu avec le même attachement, et peut-être alors que nous serions tous unis pour le venger...

— Voici Alfred qui rentre, dit le faux Talmire, charmé de pouvoir rompre n'importe à quel prix une conversation qui de plus en plus lui devenait pénible.

Jamais Roquevél n'avait paru plus fier et plus satisfait : la démarche ferme, la tête au vent, l'expression dédaigneuse de sa bouche, l'allégresse de ses regards, l'avaient changé. Beau garçon naturellement, il l'était cent fois plus dans ce moment. Damatien n'eut qu'à jeter sur lui un coup-d'œil pour comprendre qu'une cause extraordinaire agissait sur son compagnon. Il admira combien à l'heure où lui-même était à peu près consterné par l'effet de cette rencontre avec le frère du baronnet, Roquevel, en présence du même personnage, nageait dans une jubilation dont chacun s'apercevait.

En arrière d'Alfred et toujours sardonique, le comte de Roquecourbe paraissait, lui aussi, triomphant. Il se montra incertain de ce qu'il avait à faire... Sa figure se rembrunit, et venant au marquis pendant que ce dernier s'étonnait de ce changement brusque de décoration :

— Je crois devoir, dit-il en le prenant à part, devoir vous prévenir, bien qu'en vous parlant ainsi j'enlève à Alfred une vive satisfaction : je viens de le reconnaître pour mon parent, du même nom que moi ; et il a trouvé dans les papiers de la succession paternelle des preuves si éclatantes d'un tel fait, que force a été de me rendre à l'évidence.

A mesure que le bossu parlait, le marquis de Montare, surpris et de ce qu'il lui faisait entendre et de ce que ses propres réflexions intérieures lui inspiraient instantanément, sentait une vive sueur sourdre de son corps et mille idées diverses naître en foule dans son âme. Que signifiait cette révélation si singulière, si contradictoire surtout avec ce que le même lui avait appris à Saissac? le fantôme, attendu sa vieillesse, radotait-il ? Tout cela saisissait Damatien. Lui, à son tour, amenant le comte vers la terrasse alors ouverte, attendu la beauté d'une nuit méridionale, bien que l'on fût au milieu du mois d'octobre, lui dit à voix basse, quoique nul groupe ni promeneur isolé ne les approchassent :

— Oubliez-vous, monsieur, vos révélations précédentes? Est-ce de vous ou de l'*Homme de la Nuit* qu'Alfred est parent? C'était moi, ce me semble, qui avais l'honneur de vous appartenir, du moins me l'avez-vous dit?

Le comte de Roquecourbe avait paru, dès que le marquis s'était mis à parler, très attentif à l'entendre. Mais à mesure que celui-ci avançait dans son interrogatoire, celui-là, passant de l'audition entière à une surprise, à un étonnement peu commun, examinait avec embarras la physionomie du jeune homme, et lorsque Damatien se tut, celui-ci se hâta de reprendre :

— Qu'avez-vous donc, monsieur? ou bien quel est ce badinage? Nous nous sommes rencontrés plusieurs fois, il est vrai, depuis que vous stationnez à Carcassonne, mais auparavant nous ne nous sommes jamais vus que je sache, et moins encore à Saissace qu'ailleurs, car je n'y ai jamais mis les pieds.

Ce fut au tour du marquis d'être stupéfait et de le manifester.

— Quoi ! monsieur, je ne vous ai pas vu dans le vieux château de Saissac à deux reprises ?

— Non, monsieur.

— La première fois ne portiez-vous pas un vêtement monastique ?

— Non.

— La seconde, vous étiez tel que je vous vois aujourd'hui.

— Non.

— N'est-ce pas vous qui m'avez remis des passeports et d'autres documents utiles ? vous qui le premier m'avez prévenu de l'existence de sir Olivier Hamelstonn et de ses projets de vengeance contre notre ami ?

Ici le comte se mit à rire.

— J'avoue que tout à l'heure j'ai eu tort de vous dire que nous ne nous étions jamais vus ; car il paraît qu'un esprit follet, un lutin s'est permis de me voler mon nom et ma ressemblance : il eût pu faire mieux ; mais enfin je l'en remercie.

— Cela, monsieur, ne répond pas aux questions que je vous adresse ? Êtes-vous Arnould le pénitent, ou ne l'êtes-vous pas ? répliqua le marquis presque avec colère.

— Allons, ne vous fâchez pas, soyez calme. Oui, je suis Arnould, puisqu'il faut l'avouer ; je serai même l'*Homme de la Nuit* si cela vous plaît. Au fond, que m'importe ?

Et le bossu souriait toujours malicieusement, charmé d'avoir jeté l'indécision dans cet esprit ; car cela lui suffisait. Il savait, le maudit personnage, que tout ce qu'il venait de dire était en pleine contradiction avec ses actes de naguère et ses discours d'auparavant : peu lui importait les mensonges, les *dits* et les *contredits;* l'essentiel pour lui était de troubler, d'égarer et de perdre.

D'une autre part, le marquis à son tour s'épouvantait malgré lui de ce que lui faisait entrevoir cet homme si bizarre. Était-ce le fantôme qui d'abord lui était apparu, ou bien l'*Homme de la Nuit?* Et quel abîme creusait-il sous ses pas et ceux de son ami! Quelle était son arrière-pensée, et quel était enfin ce nouveau-venu dont la ressemblance était si frappante avec un homme qui n'existait plus?

Pendant qu'il réfléchissait ainsi sans rien dire, M. de Roquecourbe demeurait impassible devant lui, toujours avec son sinistre ricanement. Enfin voyant que Damatien ne parlait parlait pas encore, il vint à lui et chercha à lui prendre la main, qui fut retirée avec dégoût et vivacité. Lui, sans se formaliser de ce geste peu convenable, se mit à dire d'une voix qu'il cherchait à adoucir :

— Vous êtes malade, monsieur le marquis, vous l'êtes plus que vous ne le pensez peut-être ; à votre place, je rentrerais, il est tard. Oui, allez vous coucher, cela vous fera du bien, et que le ciel vous préserve de mauvais songes.

Comme il achevait, Alfred à son tour sortit du salon et venant sur la terrassse, se rapprocha du marquis et du comte. Ce dernier se tournant vers lui :

— Mon neveu, dit-il, notre cher Talmire est incommodé, je vous conseille de veiller pour lui et sur lui.

En même temps, un geste rapide échappé à Damatien acheva de développer sa pensée. Assurément celui-là n'avait point perdu la raison; malgré lui il se trouvait au milieu de ce conflit de pensées si étranges, si bizarres, et en même temps d'une nature si dangereuse et menaçante, qu'il ne pouvait s'en détacher, bien qu'il en comprît la nécessité. Le comte rentra dans le salon. Roquevel passant le bras dans celui de son ami et contournant ainsi son dos, le soutint d'abord, puis l'entraîna vers l'extrémité de cette délicieuse terrasse, couverte de beaux arbres à l'épais feuillage.

Là, malgré la nuit et grâce à l'abondante lumière que les rayons lunaires versent dans le Midi sur la terre, on voyait, en s'appuyant sur la balustrade, la promenade de Carcassonne, bornée à droite par un bastion colossal, œuvre du dix-huitième siècle, et couronnée d'un jardin délicieux ; plus loin, le premier faubourg de la ville basse, les deux rives de l'Aude ; et au sud-est, les remparts, les tours, les tourelles crénelées de l'ancienne cité ; au-delà de cette allée à triple ou à simple rangée d'arbres, selon le plus ou moins d'espace, court le grand chemin de Toulouse à Marseille; après lui s'étendent, en nappe verte et fleurie, des jardins potagers, véritables marais parisiens. Là, dans l'année, douze ou quinze récoltes se succèdent, et où finissent les derniers compartiments de ce sol tout d'alluvion, une double ligne de saules, un rideau de peupliers, de frênes, de sycomores, de grands roseaux et de plantes aquatiques enferme le fleuve Atax, qui faisant vers le nord un coude aigu, coule à vingt pieds au-dessous du canal, œuvre du fameux Riquet. Des champs, le village pittoresque de Montredon, forme le second plan de ce paysage que les montagnes des Corbières, celle d'Alaric et les montagnes Noires bornent, dans le lointain. Au septentrion, d'autres jardins, le canal creusé dans la pente d'une colline, et la sommité de celle-ci, arrêtent l'œil brusquement.

Ce fut là qu'Alfred amena rapidement Damatien ; et lorsqu'il eut adossé celui-ci aux balustres de la terrasse, il se posa devant, et là trépignant de joie :

— Marquis de Montare, dit-il, jusqu'à présent une vipère affamée rongeait mon cœur; j'étais riche sans doute, et ce n'est rien être : je te jalousais, mon ami; non que j'enviasse ton esprit, ta grâce, ta figure; mais je me dépitais de ne pas posséder ta noblesse. Tout libéral, crois-moi bien, ne l'est que parce qu'il n'est pas gentilhomme ; et de tous les gentilshommes ceux qui tiennent le plus aux honneurs de leur caste sont ceux qui font acte de libéralisme. Hier encore, je parlais contre les préjugés : c'est rationnel, j'étais roturier. Aujourd'hui, j'abhorre les révolutions, les usurpateurs, les niveleurs, la canaille, et cela naturellement. A mon tour, je suis noble.

— Toi, Alfred, tant mieux, et comment ?

Le prétendu Forguerolles lui conta de point

en point ce que le lecteur sait déjà. En effet, l'homme d'affaires d'Alfred en lui expédiant les actes, documents, contrats, qu'il lui avait demandés, s'était avisé d'y joindre cette vieille liasse, dont lui, Alfred, n'avait pas entendu parler, et dont le bossu venait de lui révéler l'existence; des titres pareils, authentiques et en nombre, avaient en un instant fait passer Roquevel dans le rang des privilégiés qu'il avait envié, convenait-il pendant toute sa vie. Sa joie était sans borne, et son orgueil prodigieux; il savait déjà que son écusson, coupé, portait en tête, *gironé de sept pièces d'argent et de gueules en champ d'azur, aux cinq besants d'or, et sur le tout; de gueules à la croix d'or, vide sèchée, alaisée et pommelée d'or.* Il sommait son écusson d'une couronne de vicomte : un lion au naturel, un éléphant d'or, supportaient ce blason, autour duquel flottait une devise significative : *Dieu seul, la roche courbe.* C'était un jeu de mots sur le nom de ses pères, et un cri passablement vaniteux.

Albert parlait de faire peindre ses armes sur ses voitures, de les faire sculpter sur les portes de ses châteaux et de ses hôtels, de les faire graver sur son argenterie, et sur tous ses meubles; il voulait surtout reprendre la livrée de sa maison.

Ici le marquis l'arrêta d'un mot; il lui rappela leur incognito, et pour quel motif sage ils l'avaient pris.

— Je n'en veux plus, s'écria Roquevel impétueusement; outre qu'en le conservant je me conduirais en lâche...

— Et moi, dit Damatien en l'interrompant, je passerais pour un homme suspect; je l'ai pris uniquement pour te plaire. Non, non, monsieur, nous n'agirons pas aussi légèrement; nous avons fait acte de possession des noms de Talmire et de Forguerolles, trouvez bon de les conserver jusqu'après notre sortie du pays; et pour l'avantage d'une vanité puérile, n'allons pas apprêter ces gens-ci à rire à nos dépens.

— Tu as raison, Damatien, répondit en rougissant Roquevel; oui, je dois porter ici le nom que ton amitié m'a fait prendre, tandis qu'elle s'accommodait d'un pareil ami. Pardonne-moi, je suis enfant; que veux-tu, mon âme est enivrée de son nouveau rang... Mais combien de temps resterons-nous à Carcassonne?

— Ce qu'il faudra d'abord pour pouvoir en partir naturellement; secondement, lorsque j'aurai éclairci certain doute..... Et c'est M. de Roquecourbe qui t'a mis sur la voie de la caste de tes ancêtres?

— Lui-même, dit Alfred avec embarras.

— Et il est ton parent?

— Le seul du nom qui me reste encore.

— C'est un personnage bien singulier.

— Beaucoup; j'en conviens.

— Et tu soupçonnes...

Alfred s'arrêta.

— Achève, mon ami...

— Bon, des folies! Peut-être ai-je tort; il m'a rendu un service énorme.

— Dans quel but?

— Qu'importe.

— Quant à moi, je crois devoir t'apprendre...

— *Silence! ou il est tué, cet ami que vous aimez*, dit à l'oreille de Damatien une voix faible que néanmoins il reconnut parfaitement; mais d'où lui parlait-elle; ils étaient seuls sur la terrasse, un fossé les séparait, à part la hauteur, de la promenade solitaire, à cette heure. Partout le silence autour d'eux, et aucune figure humaine n'était dans le jardin ou dans la campagne; néanmoins la phrase menaçante avait été prononcée et très distinctement entendue.

Damatien s'en épouvanta et n'osa plus poursuivre.

— Tu voulais me dire quelque chose de peu avantageux à la probité de mon nouvel oncle?

— C'est vrai; mais au moment de parler, je me suis ressouvenu que toute assertion sans preuve positive est une calomnie. En conséquence, comme il me serait impossible de corroborer de preuves patentes ce que je te repéterais, je le garde pour moi; le temps, peut-être, viendra à notre secours.

— Bien, bien, répéta par deux fois la voix du comte de Roquecourbe.

Alfred avait entendu; il tourna brusquement la tête, et n'apercevant personne:

— N'as-tu pas ouï comme moi, Damatien, mon oncle prononcer le mot *bien :* là tout auprès de nous.

— C'est le comte de Roquecourbe en personne qui est là-bas dans le salon, à côté du général commandant le département, dit le marquis.

— C'est vrai, repartit Alfred; où donc avais-je mes oreilles? La joie de tantôt m'a bouleversé; je suis prêt à ne rien dire de raisonnable. A propos, continua le même, que penses-tu que nous devions faire envers cet Anglais malencontreux qui, nous poursuivant afin de nous punir de la mort de son frère, s'attache à nous, comme la pariétaire aux murailles?

— Feignons de répondre à ses avances; puis peu à peu détachons-nous de lui. D'ailleurs, notre départ nous en délivrera.

Non!!! Ce mot tonna sous la voûte épaisse des beaux arbres qui les couvraient à trente pieds du sol; les deux amis s'entre-regardèrent, se prirent les mains mutuellement, et, après un instant de silence:

— Sais-tu bien, Montare, que depuis notre

coucher à Saissac, nous appartenons à quelque méchant lutin.

— J'avais cru que s'il y en avait en ce lieu un qui ne valût rien, dans le même endroit, un meilleur avait pareillement établi son domicile; mais ce que je vois détruit à chaque moment cette croyance.

Un soupir faible et néanmoins très certainement poussé, sembla répondre à ces propos du marquis; ni lui, ni Alfred ne retrouvèrent la voix connue du comte de Roquecourbe; ils ne se dirent rien, s'attachant à écouter encore avant de se communiquer leurs réflexions. Ils firent bien, car une minute après, et moins, peut-être, un second soupir fut entendu, bien cependant que cette fois il se fût affaibli encore.

— Il est étrange, dit alors le marquis à Roquevel, que le malin esprit ait ses coudées franches, et que le bon puisse à peine nous faire croire à sa présence. S'il veut nous servir, que n'agit-il ; et s'il est contenu par un pouvoir supérieur, d'où vient que ses accents parviennent à nos oreilles?

Albert allait répondre, il en fut empêché par la vue d'une personne qui, du salon voisin, venait les rejoindre; ne distinguant pas d'abord qui se pouvait être, il engagea Damatien à aller vers le survenant. L'un et l'autre tressaillirent; c'était sir Olivier qui les salua et leur dit de lui pardonner, s'il venait aussi témérairement à leur rencontre.

— Je vous le répète, messieurs, ajouta-t-il; il y a dans moi quelque chose qui me rattache à vous; et depuis que je vous ai vu, j'ai compris que vous deveniez à vous deux une autre moitié de moi-même.

— Les jeunes Français, répondirent mélancoliquement les deux amis, eux qu'on prétend être si prompts à se lier, y mettent encore plus de réserve.

— Et, poursuivit Alfred seul, peut-être qu'en avançant cette amitié, née en vous aussi rapide, décroîtra-t-elle plus soudainement?

— Non pas, non pas, reprit l'Anglais, ou l'Écossais plutôt; car c'était à la portion nord-ouest de la Grande-Bretagne qu'appartenait le jeune baronnet, et en témoignage que vous me voulez en tiers, tendez-moi la main également.

Sir Olivier, en s'énonçant ainsi, présentait les siennes ouvertes; la lenteur que mit le marquis à lever la sienne fournit à Roquevel le temps de le prévenir; les doigts du jeune Parisien et ceux de l'étranger s'entrelacèrent. Si ceux d'Alfred étaient brûlants, ceux de sir Hamelstonn étaient de glace; mais leur étreinte faisait mal; bientôt même cédant à un entraînement dont il ne fut pas le maître, sa seconde main, lasse d'attendre celle du marquis, alla se réunir à sa première, et toutes les deux pressèrent celle du jeune homme de manière, sinon à le faire crier, du moins assez pour lui faire monter le rouge au visage. En même temps, et d'une voix rauque et joyeuse, il dit :

— Bien!!! bien! à merveille! Dorénavant, entre nous, ce sera union indissoluble... de la vie à la mort.

Un éclat de rire sauvage, suivi de deux hurlements étranges, retentit ici, et ils s'élevèrent si haut, que la contredanse fut interrompue, et que la plupart des convives accoururent vers la terrasse, s'informant d'où étaient partis ces sauvages accents.

VII

Quelques jours s'écoulèrent, et l'humeur rieuse et le caractère gai d'Alfred de Roquevel, car déjà il ajoutait la particule nobiliaire à son nom de famille lorsqu'il écrivait hors de Carcassonne, où il conservait toujours le nom supposé de Forguerolles, on le voyait sombre et mélancolique, dépasser de beaucoup en solennité la physionomie naturellement grave du marquis de Montare, toujours caché aussi sous celui de Talmire, qui ne devait pas rappeler le sien ; sir Olivier Hamelstonn était lui-même riant et jovial à côté de son nouvel ami.

Je mets ami au singulier, attendu que par l'effet de la sympathie, si un charme secret rapprochait Roquevel de l'Écossais, une répulsion opposée écartait le marquis de celui-ci. Vainement sir Olivier, employant tout ce que le grand usage du monde, uni à la ferme volonté de plaire, prête d'attrayant, cherchait, à force de flatteries adroites, de prévenances ingénieuses, d'abandon gracieux, à prendre sur l'esprit de celui-ci le même empire qu'il avait conquis sur l'autre. Ses efforts opiniâtres n'amenaient qu'une condescendance froide, cachée sous de l'urbanité; mais il n'y avait là ni épanchement, ni secret réciproque, ni familiarité intime, rien enfin de ce qui annonce au dehors une véritable amitié.

Alfred reprochait à son ancien compagnon l'indifférence dont au reste ce dernier s'accusait lui-même ; il se souvenait du mérite de l'esprit de sir Hamelstonn, et néanmoins, loin de l'accueillir amicalement, il se sentait disposé de plus en plus à le fuir, et même à le repousser et à le haïr.

D'une autre part, à mesure que l'Écossais et le Parisien se liaient plus étroitement, le second devenait soucieux davantage ; il avait une préoccupation bizarre et perpétuelle, il tressaillait sans cause, contrastait ses muscles avec une vigueur singulière, se reculait involontairement de son nouvel ami ; et un observateur se serait étonné des regards effrayés et parfois sinistres qu'il lançait sur celui-là, qu'il paraissait chercher ardemment. Un autre effet se manifestait au fond de ce jeune cœur ; il ne pouvait quitter l'Écossais, il lui faisait rendre un compte rigoureux de ses emplois de journée, et semblait, en l'écoutant, se défier de sa sécurité.

En même temps sa poitrine devenait oppressée ; un cercle noir et jaune agrandissait chaque jour ses yeux meurtris et plombés ; sa peau naguère blanche, douce et rosée, se couvrait alternativement de plaques brunes et de couleur d'ocre ; il paraissait fatigué en marchant, et souffrir dès qu'il montait à cheval. Ses lèvres, ordinairement sèches et flétries, se couvraient d'une écume épaisse et terne, plutôt que brillante ; lui si curieux de vêtements à la mode ; lui, cité par son élégance, devenait négligé, sale, et ne s'informait plus si Hébert, l'habile et jeune tailleur du n° 14 de la rue Coquillière, ou Dussart, rue Montmartre, 41, lui expédiaient, selon la coutume, leurs plus récentes inventions.

Cependant une seule chose occupait encore Roquevel, c'était le sentiment particulier qui, également, l'entraînait vers la jolie vicomtesse de Norevelle, charmante veuve. Sans éprouver pour elle une de ces fantaisies que pendant plusieurs années il appela un amour violent et sans terme, elle aussi touchait son cœur et brouillait son esprit; son goût le conduisait vers elle, et il y allait avec plaisir. Un pouvoir inconnu dont il ne se rendait pas compte, et contre lequel il luttait souvent, pouvait seul le contraindre à la recherche de cet ami acquis si récemment.

Quinze jours à peu près s'étaient écoulés, ai-je dit, depuis cette soirée passée à la préfecture de Carcassonne, et marquée par plusieurs incidents mystérieux. Durant ces deux semaines, avaient grandi, selon leur sympathie contraire, les deux sentiments qui l'attachaient à l'Écossais et à l'agréable Française.

Un soir, il était seul dans sa chambre, tandis que le marquis de Montare avait été seul faire visite au comte de Bénévent - Rhodez, nouvellement arrivé de Carcassonne ; il se promenait, ayant l'air de combattre et de peser le pour et contre des raisons qui le porteraient ou sauraient le détourner d'une résolution dont il sentait l'opportunité non moins que la conséquence. Enfin, il parut avoir pris un parti ; et comme il était nuit, comme il se trouvait sans autre clarté que celle de la lune, il se rapprocha d'un cordon de sonnette, et le tira vivement... Nul ne vint, et pourtant, en outre de Clare et de John, les serviteurs favoris, les deux amis avaient pris à leur service quatre valets de pied, un maître-d'hôtel tenant lieu d'intendant, un sommelier, un cuisinier, un aide, deux filles de basse-cour faisant le gros ouvrage, un cocher, un piqueur et deux palefreniers.

Le second appel de la cloche n'eut pas un

meilleur succès; le futur vicomte de Roquecourbe, impatienté, courut à la fenêtre la plus proche qui avait vue sur un jardin anglais dessiné avec goût par M. Casimir Dupré, et de là se mit à appeler d'une voix impérieuse et brisée.

Peu après, deux des derniers venus se précipitèrent dans la chambre et à travers la porte du salon demeurée ouverte. Alfred aperçut plusieurs autres domestiques de ceux à son son service commun avec le marquis; ils semblaient ou conduits par la curiosité, ou amenés là pour fournir du secours aux deux premiers. Dans toute autre circonstance, la mauvaise humeur dominant en lui n'aurait pu sortir qu'impétueuse, eh bien! dans celle-ci, elle se trouva possédée par un désir inquiet de faire expliquer cette double venue et cette escorte singulière.

— Pourquoi n'êtes-vous pas accourus au

bruit de la sonnette ? pourquoi a-t-il fallu que d'autres vous suivent ainsi ?

— D'abord, on ne croyait pas monsieur au logis....

— Mais vous aviez ouï....

— Certainement.

— Et alors ?

— Dame !... que monsieur ne se fâche pas, mais depuis quelque temps le bruit de la sonnette ne prouve pas sa présence au logis.

— Elle tinte donc toute seule ?

— Monsieur se moquera de nous si nous lui répondrons qu'en effet la cloche sonne parfois lorsqu'il est dehors, comme aussi les fauteuils sont remués lorsque le salon est vide. A ce tumulte, nous accourons... bernique !... le lieu est désert, bien que les siéges ne soient plus à leur place, mais tournés en demi-cercle autour du feu ; cela est cause que tout à l'heure nous n'avons pas obéi, et quand votre voix nous appelait, nous doutions encore que monsieur fût rentré de la préfecture, où nous l'avons conduit.

— J'ai été à la préfecture, moi?

— Monsieur le sait bien... il est descendu de sa chambre six minutes après M. le marquis de Talmire, est monté en voiture, à preuve que Charlot, le piqueur, conduisait, Toulousain, le cocher, étant malade de... peur depuis avant-hier. J'ai deux fois ouvert la portière à monsieur, qui nous a dit de venir le reprendre à minuit ; et comme il est à peine sept heures, pouvions-nous penser que monsieur rentrerait à pied et si vite? Aussi avons-nous été saisis d'une fameuse venette quand, après le carillon à quatre reprises de la sonnette, la voix de monsieur s'est fait entendre du côté du jardin ; alors nous sommes venus et les autres nous ont suivis afin de nous prêter main forte, vu le cas où le diable aurait été là au lieu de monsieur.

— Je vois, dit Alfred tranquillement, comme l'on fait ici bonne garde; j'ai pu rentrer, monter, rester ici, et l'on ne m'a pas vu rentrer, et l'on tient malgré ma volonté la porte de la rue ouverte à cette heure.

— Refermée aux deux battants après le retour de la voiture, et un triple tour a été donné à la serrure de la petite porte. Ce qui nous a là-bas le plus effrayé...

— Achevez, Nazaire.

— C'est que celle-là est demeurée close encore, et que les trois tours y sont... Monsieur a donc une seconde clé-maîtresse?

Roquevel passa sa main à plusieurs reprises sur ses yeux, puis ne répondant pas plus à la question dernière qu'à la précédente :

— Qu'on allume deux lampes, deux candélabres, ceux de la console, les six du lustre et deux doubles flambeaux sur le bureau... j'ai à écrire et je veux y voir clair.

Il n'ajouta pas que cette illumination lui était devenue nécessaire pour calmer la stupeur dont son âme était remplie. Dès que son ordre eut été exécuté, les laquais se retirèrent; ils étaient déjà sur le second palier de l'escalier, lorsque la voix impérieuse de leur maître les rappela :

— Que deux d'entre vous restent dans l'antichambre; je ne veux pas, si j'ai besoin de quelqu'un, m'égosiller de nouveau.

Les valets s'entre-regardèrent piteusement, s'inclinèrent et sortirent. Alfred n'avait pas osé demeurer seul. Dirai-je que son cœur se mit à battre violemment lorsqu'il eut entendu le récit de plus haut; voilà que toutes les visions de son enfance se réveillèrent en lui spontanément... quoi! il serait double!... un double corps!... Quel sinistre augure! il est mortel selon les pratiques superstitieuses. Il s'accouda pendant une ou deux minutes sur le marbre de la cheminée, réfléchit, et enfin s'écria mentalement :

— Non, je ne combattrai pas davantage ma pensée, ce que je vois, entends, ce qu'on me raconte... et là, tantôt... ici, à l'instant!... Quoi! je peux avoir du secours, ou contre ma faiblesse, ou contre une hallucination; contre, enfin, la vérité, si c'est possible! Orgueilleux, soumets-toi!... crois, puisque Dieu t'oblige à croire!...

A ces mots, il s'assit devant un secrétaire de laque rouge, ancien meuble de l'évêché de Carcassonne, et là, prenant une plume, écrivit rapidement la lettre que voici :

« Monsieur l'abbé,

« Je vous écris peu et jamais dans ma joie; les folies mondaines, sans vous faire oublier, me rendent paresseux; mais dans la souffrance morale ou physique, lorsque ma prière monte vers Dieu, ma confiance court à vous; le philosophe pyrrhonnien va au prêtre catholique... C'est le plus beau triomphe de la religion que l'aveu de l'impuissance humaine dans l'infortune et dans la douleur.

« Je viens à vous pour un fait étrange. Il n'y a pas de milieu... s'il n'existe pas, je suis fou; s'il est réel... que se passe-t-il donc? que sont les vaines assertions de nos savants, de nos sages? La superstition sera donc la connaissance approfondie des secrets du ciel ou des mystères de la nature?

« Ai-je vu ou non?

« Mes yeux, mes oreilles, m'ont-ils trompé?

Suis-je en état permanent de somnambulisme, ou insensé, ou raisonnable?...

« Oh! alors... oh! si j'ai mon bon sens dans toute sa plénitude, que se passe-t-il donc autour de nous?... que sommes-nous?... qui est?... Quoi! tout serait vrai... tout!...

« Lisez attentivement le récit que je vais vous faire dans la pleine simplicité de mon esprit; je jure sur l'honneur de vous rapporter des choses vraies, réelles; et qu'on me crache au visage, qu'on me fasse pis, si je mens, si je tente de vous mystifier!

« Maintenant, écoutez jusqu'au bout. »

A la suite de ce préambule, Alfred raconta exactement, sans omettre la moindre circonstance : son duel avec sir Edgard, baronnet d'Hertfort; son association avec le marquis Damatien de Montare pour un voyage qui devait durer plusieurs années; leur départ de Paris;

leur arrivée en Languedoc. De là il passa à l'incident de la nuit écoulée si singulièrement au château de Saissac; leur rencontre avec le comte de Roquecourbe; ce que celui-ci avait fait pour lui en le reconnaissant comme parent, en lui révélant sa première origine; ses rapports intimes avec sir Olivier Hamelstonn, frère de sa victime; enfin, il finit par décrire les diverses circonstances de la soirée à la préfecture de Carcassonne où une voix étrange s'était fait entendre. Ici je cesse d'abréger sa narration et je vais le faire parler lui-même et le laisser poursuivre, ce que je ne ferais pas aussi bien que lui assurément.

« Le lendemain donc, mon vénérable ami, de cette soirée sinistre et dont les circonstances indevinables avaient abattu ma vanité philosophique, je me sentis le besoin de vous écrire, trouvant avoir assez de matière précieuse pour attacher votre attention; mais un mouvement d'orgueil, d'irritation vaniteuse, me détourna de cette bonne pensée. A l'entendre, je ne devais pas vous prêter à rire à mes dépens; ma faiblesse vous inspirerait un dédain mêlé de pitié. Enfin, je devais douter de tout et attendre.

« Je dois ici vous rappeler plus particulièrement ce que je vous ai dit en peu de mots, que sir Olivier insistant pour que je fisse avec lui un pacte d'amitié plus intime, nous nous prîmes les mains, et entrelaçant nos doigts, nous nous donnâmes librement et avec plénitude l'un à l'autre, et cela pour tout jamais.

« D'abord je croyais avoir fait une chose insignifiante; car, au fond, je n'aime pas, je ne peux même pas aimer un homme avec lequel je dois finir par me couper la gorge un jour. Cela sera inévitable dès le moment où, en dépit de notre pacte, on lui révélera que je suis, non l'assassin, mais bien le meurtrier réel de son frère. Je me figurais, dis-je, que l'attachement de l'Anglais n'aurait pas plus de solidité que le mien. Erreur pénible !

« Lorsque nous rentrâmes dans le salon, après que la compagnie nous eut rejoint sur la terrasse, attirée qu'elle fut par les hurlements lugubres et menaçants dont je vous ai parlé, je ne sais comment cela se fit, mais incontinent sir Olivier s'accointa tellement à ma personne, que je ne fis plus un pas sans le voir à mon côté, toujours les yeux fixés sur les miens, et toujours son corps changeant de place, de manière à ce que mes regards ne pussent éviter les siens.

« Cette obsession pénible dura jusqu'au jour; alors elle disparut : sir Olivier, sans doute, alla se coucher; nous en fîmes autant. A peine étais-je endormi que sir Olivier se plaça devant moi (je rêvais), ouvrit avec lenteur son manteau, déboutonna son gilet, déchira sa chemise... et un jet de sang, parti d'une blessure qu'il avait au sein droit, s'élança dans ma bouche que je tenais forcément ouverte, inonda mon visage, ma couche, et me ferma les yeux.

« Loin de chercher à les ouvrir, je tenais mes paupières abaissées, sentant toujours cette liqueur chaude et gluante me frapper; en même temps une bouche se colla sur ma poitrine, et par aspiration se mit à son tour à sucer mon sang.... Dans cette situation fatale, j'entr'ouvris les yeux, et je vis sir Olivier, penché sur moi, qui se refaisait à mes dépens de la perte qu'il venait de faire. J'ignore combien de temps je demeurai dans cette situation atroce; je fus réveillé par le marquis, impatient de déjeuner.

« Ma pâleur, ma tristesse, l'effrayèrent; il me proposa de sortir avec lui; je ne voulus pas; il me quitta.... A peine étais-je seul, occupé à lire une mauvaise et sotte gazette publiée à cette époque, sous je ne sais quel titre, par un certain et ridicule auteur, Sosie de Parny, et comme lui nous excédant d'une ennuyeuse Éléonore, seconde Dulcinée du Toboso. Je somnolais donc sur l'œuvre soporifique de feu monsieur Auguste Labouïsse, lorsque, dis-je, la porte du salon s'ouvrit.

« Sir Olivier entra sans saluer, sans parler; il alla s'asseoir vis-à-vis de moi, ses regards attachés sur les miens, et il demeura là immobile. D'abord l'étonnement me coupa la voix; bientôt je voulus reconnaître en cette apathie et constater l'excentricité anglaise; je tâchai d'en rire, je ne le pus; je sentis mon cœur battre, mon imagination se troubler, et cherchant au fond de mon gosier des paroles que ma bouche semblait me refuser, je dis avec peine :

« — Eh bien ! sir Hamelstonn, qu'est-ce qui vous rend si taciturne aujourd'hui ?

«Il ne me répondit pas.... Une idée extraordinaire me vint. Serait-il somnambule, me dis-je, et serait-il venu chez moi endormi?... Je me levai dans l'intention de le secouer et de le réveiller.... J'entendis marcher dans la pièce voisine, et, à mesure que le bruit des pas se rapprochait de la porte, je voyais sir Olivier s'effacer, s'amoindrir, devenir diaphane, disparaître enfin et si bien, qu'il ne restait rien de cette vision incompréhensible, lorsque la porte s'ouvrit.

«Figurez-vous, mon père, tout ce qui m'occupa lorsque je vis entrer ensemble trois personnes : un habitant de Carcassonne, homme de sens et d'esprit ; le marquis de Montare, et (le croiriez-vous!) sir Olivier Hamelstonn. A sa vue, je frissonnai, une sorte d'éblouissement remplit mes yeux; à peine si je pus accueillir civilement les deux étrangers ; et même, à tel point j'étais hors de moi, ne m'avisai-je pas de dire au baronnet :

« — Sir Olivier, m'excuserez-vous si je vous demande comment vous venez me voir en si bonne compagnie, lorsqu'à peine une minute s'est écoulée depuis que vous étiez entré et que vous vous teniez là en face de moi ?

« Et ma main indiquait la place où je l'avais vu. Le marquis et M. Tolbiac me regardèrent avec surprise. L'Écossais, au contraire, se mit à dire également avec stupéfaction, afin de m'imiter, sans doute :

« — Quoi ! vous aussi, monsieur de Forguerolles, vous avez essuyé la même hallucination ?

« — Que voulez-vous dire ? m'écriai-je.

« Lui se tournant vers les deux assistants, et comme plus intéressé à les gagner, leur dit :

« — Imaginez-vous, messieurs, qu'après avoir rêvé ce matin, lorsque, sorti du bal, je suis rentré chez moi, que notre ami de Forguerolles suçait mon sang, je me suis éveillé peu content du songe; ne voilà-t-il pas que ma préoccupation m'a fait voir monsieur encore (il me désignait toujours) : il s'est glissé dans ma chambre, s'est assis en face de moi, et n'a disparu que lorsque le bruit de vos pas, monsieur Tolbiac, s'est fait entendre.

« — C'est impossible ! m'écriai-je.

« — Voilà, messieurs, dit le Carcassonnais, une preuve bien certaine de votre sympathie mutuelle. Rêver ainsi l'un de l'autre, c'est merveilleux! Le ciel vous destinait à demeurer amis éternellement.

« Le marquis ne releva pas le propos; on causa long-temps. Nous sortîmes tous ensemble. M. Tolbiac, le marquis et l'Écossais allèrent voir chez un amateur des esquisses pleines de feu, d'effet et de génie, du peintre carcassonnais Gamelin, représentant des scènes de la guerre d'Espagne, en 1793 et 1794. Je ne voulus pas les suivre; j'allai me promener, et descendant vers les jardins potagers, je me mis à parcourir leurs allées étroites, et à cheminer sous des voûtes basses de chèvrefeuille, de myrte, de laurier, de sureau.

« Au détour d'un sentier ombré, je vis venir à moi sir Olivier; un rire de malice infernale errait sur ses lèvres pâles, pincées et minces.

« — Ah! vous voilà, lui criai-je; vous avez donc abandonné ces messieurs?

« Il ne me répondit pas ; mais, entr'ouvrant la redingote qui le couvrait, je vis par-dessous sa poitrine nue; il se tourna à demi, me présenta le sein droit. J'y reconnus avec horreur la blessure profonde que j'avais déjà vue en songe... puis un jet de sang en partit, et vint, de douze ou quinze pas de distance, inonder mon visage; je sentis sa chaleur, sa limpidité... Le dégoût, l'effroi m'arrachèrent un cri aigu, et je m'évanouis.

VIII

« Lorsque je revins à moi, la journée était très avancée, et je me trouvai dans une maison bourgeoise où l'on m'avait prodigué des soins compatissants. Mon premier mouvement fut d'examiner mes habits, que je me figurais être ensanglantés ; je ne vis rien de pareil, et ayant demandé dans quel état on m'avait trouvé, on me répondit simplement que derrière moi, à la distance à peine d'une toise, marchait le fils de la maison. Il avait été très surpris de me voir pousser un cri et puis cheoir sans connaissance.

« — Vous avez vu peut-être un serpent ou un crapaud, ajouta-t-on, il y a des gens qui en ont peur, seriez-vous du nombre?

« Je rougis à cette sotte question, et ne voulant pas convenir de la cause réelle de mon accident, je l'attribuai à une forte migraine.

« Après avoir récompensé cette famille hospitalière, je rentrai dans la ville, déplorant mon malheur qui me frappait d'une maladie aussi étrange; car encore je voulais attribuer cette double apparition à l'impression pénible du songe de la nuit précédente.

« Morbleu! me dis-je, dussé-je passer la nuit blanche, je tâcherai de ne pas m'endormir.

« Je fus où devait être mon cher Damatien, et m'attachant à lui je me sentis plus fort et commençai à rire de ma faiblesse. Nous allâmes passer la soirée chez une femme fort aimable, et encore plus jolie. Je regardais jouer à une table d'écarté, lorsqu'une main de plomb se posa sur mon épaule... Au contact lourd et glacé je frissonnai, et me retournant je vis sir Olivier... Cette fois son visage était calme, ses traits doux et réguliers, son sourire rempli de charme, ce contraste de sa personne gracieuse et élégante, avec ce que je supposais, me fit rougir ; lui baissant la voix me dit :

— Que vous ai-je fait, monsieur de Forguerolles, pour me tourmenter ainsi qu'il vous plaît de le tenter, ou plutôt comment vous êtes-vous emparé des facultés de mon âme, au point que mes yeux vous voient sans cesse? Je suis resté chez moi pendant toute l'après-midi à promener dans le jardin de la maison où je loge, et vous, sans relâche, m'avez accompagné taciturnement.

« — Au moins, repartis-je, je ne vous ai pas inondé de mon sang.

« Et en disant ces mots je le regardai attentivement. Il soutint avec calme l'examen, ne frissonna pas, ne pâlit pas, enfin ne parut pas me comprendre, car il me demanda paisiblement ce que j'entendais par ces paroles.

« — Oh! répondis-je, rien, absolument rien, puisqu'elles ne vous ont pas déjà ému.

« Quand, mon bon père, je rentrai chez moi, je tâchai de retenir Damatien autant qu'il fut possible; mais vers deux heures du matin il me déclara que s'il me convenait de causer encore, lui se mourait de besoin de dormir, et qu'en conséquence il allait regagner sa chambre. Je ne pus l'arrêter davantage, il s'en alla et me laissa seul.

« Vous dirai-je ma faiblesse? je courus à ma boîte à pistolets, je pris les deux paires de choix qu'elle renfermait, je regardai s'ils étaient chargés, je renouvelai l'amorce et les plaçai sous ma main; je tirai du fourreau un sabre à la lame de damas, que j'avais acheté du général Duguas, à son retour d'Égypte, quoique je fusse bien jeune. Après mes préparatifs de combat, j'attendis l'ennemi de pied ferme.

« Dix minutes après, j'entendis ouvrir la porte, ou je crus l'entendre, qui établissait la communication entre la chambre à coucher de Damatien et le salon. Celui-ci fut traversé; on venait à moi et on heurta doucement. Je pensai que ce pouvait être le marquis, atteint également d'une infirmité pareille à la mienne; je criai sans réflexion : *Entrez!...*

« Fatale parole! combien depuis m'en suis-je repenti... Ah! si j'eusse pu prévoir ce qu'elle avait de funeste, je me serais bien gardé de la prononcer... A peine fut-elle échappée à ma bouche, que les deux battants furent poussés simultanément, et voici encore l'odieux sir Olivier qui m'apparaît.

« Ce n'était plus le costume qu'il portait tantôt chez la dame où nous nous étions rencontrés ce même soir. Il était uniquement enveloppé d'un suaire sombre, humide, moisi, taché, déchiré même. A peine eut-il fait un pas dans la chambre, qu'une odeur nauséabonde saisit mon odorat; je me sentis ému, je tentai de saisir l'un des quatre pistolets placés à ma portée, tandis que de l'autre main je cherchais à soulever le sabre turc.

« Vains efforts; ma volonté demeura impuissante, ma bouche même se refusa à pousser des sons qui eussent fait venir à mon secours. Tout appui me fut refusé, tout préparatif me devint inutile. Le terrible ennemi de mon repos s'était arrêté dès que je l'avais aperçu ; de là il ne venait à moi que pas à pas, avec une lenteur affectée : il suspendait sa marche, la reprenait, jouissait de ma terreur, de mon angoisse, et de l'épouvante inexprimable qui se mêlait en moi au désespoir et à la fureur.

« Lorsqu'il fut parvenu tout contre mon lit, il se redressa, se tint immobile ; ses yeux languissants et pourtant remplis d'une flamme maligne, transperçaient les miens, et leurs rayons brûlaient mon cœur de leurs flèches aiguës. Enfin, et après qu'il eut joui long-temps de ma stupeur, lorsque mon accablement fut au point qu'il lui fallait pour me dominer entièrement, il étendit ses bras, écarta le linceul de son corps, qui m'apparut nu ; l'un de ses doigts me montra le trou sanguinolant de sa blessure ; puis l'y enfonça, l'élargit cruellement par un mouvement circulaire, et cet horrible travail terminé, l'en retira... Alors le sang se mit à jaillir et m'inonda... Je fermais les yeux; je les rouvris lorsque je sentis que l'exécrable vampire suçait le mien...

DEUXIÈME PARTIE.

IX

Suite du précédent.

« Qu'ajouterais-je, mon père? je vous ai déjà décrit, et plusieurs fois, les affreux détails de cette scène dégoûtante... Je ne dormais pas, non, je ne dormais pas, ma force physique était suspendue; et cependant, les yeux bien ouverts, je demeurai ainsi pendant une heure. Ce temps achevé avec une lenteur désespérante, mon atroce ennemi se releva, essuya soigneusement, avec son linceul, le sang qui avait taché le lit, les draps, les couvertures et le parquet, hors celui dont ma chemise était inondée; ceci terminé, il me sourit avec une expression méchante, sans pareille, et s'éloigna... Je respirai... Lorsqu'il fut parvenu à la porte, il me fit signe comme pour me saluer, puis il écrivit avec son doigt, sur le lambris, ces mots lumineux : *Je reviendrai après-demain*, et disparut.

« Je demeurai long-temps encore dans une pleine impossibilité de me remuer, et même de me plaindre : je n'avais ni vigueur, ni voix, à peine si j'existais; la perte du sang que le vampire m'avait enlevé, occasionait cet abrutissement extraordinaire..... Après du temps écoulé, je pus saisir et agiter le cordon de ma sonnette. On vint à moi... John, à la vue de ma chemise sanglante, me crut assassiné. Le bon garçon perdant la tête et sans m'écouter, quoi que je puisse lui dire, fit retentir le logis de ses exclamations; bientôt mes gens, le marquis, le propriétaire, tout le monde, furent sur pied.

« Ma chambre ne pouvait contenir les survenants, ni moi répondre aux questions que l'on ne cessait de m'adresser. Je me déterminai, dès le premier moment, à ne confier à personne, pas même au marquis de Montare encore, la cause réelle de ce que tous voyaient; je parus m'ébahir comme eux de cette scène extraordinaire; quant à la cause, je l'ignorais, je ne l'avais pas surprise dans son action; je dormais, la fraîcheur du sang m'avait réveillé, donc je n'avais aucune idée antérieure.

« Les autorités, les docteurs en médecine, vinrent aussi : tous interrogeant, tous disant de belles choses, tous voulant expliquer naturellement un résultat surnaturel; néanmoins, dans le nombre, quelques-uns plus charitables m'accusèrent d'avoir combiné une mystification universelle ; la hauteur avec laquelle je pris cette inconvenance là fit disparaître soudainement, et néanmoins plusieurs s'y sont arrêtés et encore s'y maintiennent opiniâtrément.

« Mais pendant que le procureur du roi scellait ma chemise comme pièce importante d'un procès criminel à venir, il s'éleva du linge une petite fumée, puis une flamme bleuâtre courut par-dessus, et en peu d'instants il ne resta de cet objet que des vestiges presque imperceptibles. Ce dernier incident ranima la curiosité, les savants se ruèrent sur ce résidu afin de reconnaître par l'analyse la qualité de la liqueur dévorante qui avait mouillé et détruit ma chemise ; chaque homme habile émit un système, et comme aucun ne voulut faire de concessions à son collègue, on ne put rien conclure et rien reconnaître.

« J'avais dans mon cœur, au milieu de l'émotion que me causait tout ce qui venait d'avoir lieu, une sorte de peine : et je me reprochais amèrement l'imprudence que ma terreur et ma faiblesse m'avaient fait commettre; je me promis dorénavant, quoi qu'il m'arrivât, d'avoir assez d'empire sur moi pour ne plus faire d'algarades publiques.

« — Il était grand jour lorsque la justice, la police, la science et les curieux, jugèrent à propos de me laisser jouir de ma liberté, je fis non-seulement fermer la porte de ma chambre, mais encore celle de la maison ; je restai seul avec le marquis, il me prit la main, me conduisit vers la fenêtre, et là, se plaçant en face de moi tandis que lui aussi me regardait fixement :

« — Alfred, me dit-il, est-ce que dans cette

plaisanterie nocturne ou scène dramatique inexplicable, il n'y aurait rien de l'*Homme de la Nuit?*

« A cette question, je sentis que je rougissais, lui le vit, et poursuivant :

« — Je ne t'en demande pas davantage, c'est ce malheureux qui te poursuit ; qu'avons-nous fait pour mériter une punition pareille, et en même temps pourquoi le repentant Arnould ne vient-il pas à notre secours ?

« — Mon ami, répondis-je, je ne sais quel rapport direct il y a de l'*Homme de la Nuit* du château de Saissac avec les événements de la nuit précédente; mais il y a un fait très positif, c'est que je suis persécuté iniquement par sir Olivier Hamelstonn...

« A ce nom, le marquis se récria; moi, mettant de côté toute feinte, je lui racontai mot à mot ce que je viens de vous écrire, mon père ; lui m'écouta avec l'attention de l'amitié, et dit ensuite que tout cela s'expliquait mal. Sir Olivier se plaint à vous d'une obsession pareille; qui sait, peut-être a-t-il eu cette nuit une vision semblable à la vôtre; ne seriez-vous pas destinés à vous tourmenter réciproquement?

« — J'avoue que je ne peux rien affirmer, répondis-je; néanmoins je ne crois pas trop à ce qu'il me dit. Frère d'un homme que j'ai tué, savons-nous s'il ne m'a pas reconnu et s'il ne venge pas sur moi le trépas de son frère? Il faut que ceci soit éclairci : pour cela, allez le voir, tâchez de le faire jaser, contez-lui ce qui m'arrive, voyez ce qu'il vous dira. Quoi qu'il avoue, cache ou élude, obtenez de lui de venir souper avec nous et plusieurs de notre intimité ; le reste, j'espère, sera mon affaire.

« Le marquis se hâta de se rendre chez notre Écossais. On lui dit dans la maison que le baronnet était très souffrant : il a eu, a-t-il dit, une attaque de néphrétique pendant toute la nuit ; il repose et ne veut voir personne. Damatien insista. Ses soupçons s'étaient accrus des miens d'abord, et ensuite de ce qu'on venait de lui apprendre; il prétendit que comme ami, il devait voir sir Olivier. Une pièce de cinq francs, donnée à propos, décida un domestique carcassonnais à monter auprès de l'Écossais, afin de le prévenir de la visite que le prétendu M. de Talmire lui faisait en ce moment.

« Le valet tarda peu à reparaître. L'étranger, quoique fort accablé, consentait à voir le marquis; celui-ci profita de l'autorisation, et tarda peu à se trouver tête-à-tête avec sir Olivier. Il se disposait à le sonder, afin de parvenir à savoir de lui ce qu'il avait fait pendant la nuit dernière, lorsque sir Olivier, prenant le premier la parole, lui conta en riant que je lui avais rendu nuitamment une visite bien peu gracieuse.

« — Lui, une visite, lui, qui n'est pas sorti et qui au contraire….

« Damatien fut interrompu, et l'Écossais prenant la parole, lui raconta mot à mot le pendant de la scène qu'il était venu jouer chez moi ; mon ami le laissa dire sans l'interrompre, et lorsqu'il eut achevé :

« — Savez-vous, sir Olivier, dit-il, que ces choses sont incroyables; irons-nous admettre la sorcellerie au dix-neuvième siècle, ou bien ceci, n'est-ce qu'une adroite franche-maçonnerie ?

« — Quoi ! une pareille apparition, ces détails odieux, cette chemise demeurée seule sanglante, puis disparue inopinément et comme dévorée par une flamme corrosive; tout cela vous semble peu de chose ?

« — Non, certes, et j'y mets tant d'importance que je viens vous en demander l'explication.

« — A moi! s'écria l'étranger avec une expression sinistre, suis-je un magicien, un joueur de gobelets.

« — Peut-être êtes-vous pire que tout cela, repartit le marquis en riant; il affectait de cacher sous une apparence de badinage le côté sérieux de sa pensée.

« — Eh bien! répondit avec froideur l'attaqué, si je suis ce que vous prétendez, vous ne vous étonnerez pas si, me soumettant à l'impulsion puissante qui m'est imprimée, je me refuse *primò* à toute explication; *secundò* à tout combat.

« — Mais, sir Olivier, une telle conduite est celle....

« — N'achevez pas, répliqua impérieusement

le baronnet, pendant que sa physionomie prenait encore une expression de férocité farouche qui fit trembler involontairement Damatien, n'achevez pas, vous dis-je; vous agissez en aveugle, vous parlez en ignorant, moi craindre, moi reculer devant un meurtre.... vous m'y verriez courir avec fureur, avec rage, si le pouvoir m'en était donné; vous-même, vous ne m'échapperiez pas. Croyez-moi, taisez-vous, gardez sur tout ceci un profond silence, que votre ami en fasse autant; me nuire vous est impossible, et moi je ne puis plus renoncer à lui; d'ailleurs il m'a ouvert son cœur par son engagement de l'autre soir, sa chambre par son mot de cette nuit : Entrez....

« — Vous avouez donc votre abominable visite ; qui donc êtes-vous ? s'écria le marquis exaspéré.

« — Qui je suis ! ne le savez-vous pas, n'étiez-vous pas le second de Roquevel à ce combat qui fit tomber Edgard Hertfort en état de péché mortel; en outre, ne faut-il pas en prendre la vengeance, n'en ai-je pas le droit.... mais pourquoi continuer une conversation inutile, séparons-nous et faites que vous aussi n'ayez pas à craindre mon pareil. »

A ces mots, il entr'ouvrit sa robe de chambre, son corps nu parut au-dessous. A peine Damatien eut-il avec horreur jeté un regard sur la plaie enflammée, qu'un jet de sang qui s'en élança, le frappa rudement au visage.... Dégoûté, effrayé même, il porta précipitamment ses mains à ses yeux, comme pour les nettoyer de cette humidité horrible, et il les ouvrit.....

« Il était, non chez l'Anglais et en sa présence, mais bien dans sa chambre, assis sur un large fauteuil de canevas.... il venait de dormir et un mauvais rêve l'avait réveillé.... Un rêve, était-ce possible? Il se secoua, se leva, courut à la fenêtre voisine, regarda sa chambre et au dehors, puis sa montre, elle marquait midi, c'était à neuf heures qu'il était entré dans le lieu où il ne se trouvait plus. Étonné par-delà toute expression de ce qui lui arrivait, ne voulant paraître devant moi sans avoir tiré au clair cette prodigieuse circonstance, il courut précipitamment vers la rue, arriva dans celle de Saint-Michel où logeait sir Olivier, et parvenu en face de sa demeure, y entra et le redemanda encore.

« Ce fut, cette fois, le propriétaire en personne qui lui répondit. Sir Olivier Hamelstonn avait quitté, à neuf heures précises, Carcassonne, en la compagnie du comte de Roquecourbe; tous les deux étaient partis pour le château de ce dernier, situé dans les Corbières, montagnes avancées de la chaîne des Pyrénées; ils devaient y passer au moins un mois, et de-là, l'étranger gagnerait Montpellier;

enfin, il ne reviendrait plus à Carcassonne.

« Muni de ces renseignements, mon ami revint à moi, à moi qu'il attendait avec une impatience facile à concevoir; il comptait les minutes, et je l'avais forcé à supputer les heures. Lorsqu'il me vit, il m'accusa de lenteur, me querella sur mon indifférence. Combien je pris ma revanche en lui rapportant la vérité dans toute son étendue : j'aurais voulu la lui taire, afin de le moins troubler, mais le moyen de lui cacher la moindre des choses.

« Quand il eut achevé, je lui demandai conseil, touchant ce que nous avions à faire.

« — A ta place, dit-il, je ne me mettrais pas légèrement en campagne, j'attendrais ici une réponse à la lettre que, pour nous, j'écrirais à mon parent le comte de Roquecourbe : tu te plaindrais à lui du silence qu'il a gardé sur son absence, et lui témoignerais le désir que tu aurais d'aller le rejoindre. S'il décline ta visite, tu en comprendrais le motif : alors nous agirions en conséquence ; si, au contraire, il nous invite à aller le rejoindre, nous nous y rendrons, et là, morbleu ! nous saurons à quoi nous en tenir avec ce faiseur de tours de passe-passe.

« J'adoptai le plan du marquis, ma lettre fut bientôt faite, et pour n'avoir pas à subir les lenteurs de la poste, j'expédiai un exprès qui me promit d'être de retour le lendemain vers dix heures.

« La journée s'écoula, je vis venir la nuit avec inquiétude, bien que, dans ma vision, dont je doutais encore de la réalité, mon ennemi m'eut annoncé sa visite pour le surlendemain seulement, je mis peu d'obstacle au désir exprimé par le marquis, de coucher dans ma chambre ; un lit fut établi proche du mien, nous nous couchâmes de bonne heure, car nous n'étions pas sortis, afin d'éviter de répondre aux dix mille questions que l'on nous ferait sur l'incident singulier de la chemise sanglante.

« Les heures s'écoulèrent, rien ne parut; nous nous endormîmes sans qu'aucune apparition nous regardât. Le matin venu, Clare, qui le premier entra dans la chambre, nous remit à chacun deux billets, l'un du comte, l'autre de l'Anglais; le premier disait à chacun, bien que variant les termes :

« Qu'à peine arrivé à son château, il avait dû en repartir pour aller faire une pérégrination dans le département des Pyrénées-Orientales (Le Roussillon); qu'il mettrait vingt jours à cette course; que le vingt-unième, il se flattait que nous arriverions, le marquis et moi, à Roquecourbe, en même temps que lui. Un post-scriptum ajoutait que, pendant ce temps, sir Olivier irait de son côté faire dans les montagnes voisines une excursion de botanique, et qu'au vingt-un, lui, aussi, rentrerait au bercail commun. »

X

« Quant à la lettre de sir Olivier, à mon adresse, je la transcrirai mot à mot, mon cher père, après vous avoir fait connaître textuellement aussi celle qu'il écrivait à mon ami.

« Bien que nous nous soyons quittés brus-
« quement, M. le marquis de Montare, à notre
« dernière rencontre, nous avons peut-être,
« vous et moi, un vif désir de nous revoir ; je

« serai d'aujourd'hui en vingt-un jours précis
« au château de Roquecourbe, et un mois
« après, au plus tard, j'habiterai à Montpellier
« l'auberge du Midi. Vous voyez que je ne me
« cache pas, quoique je m'éloigne.

« Adieu, etc. »

« Je n'ai pas besoin de vous faire remarquer les deux phrases principales, celles du début et de la fin. La première faisant allusion à la scène de leur rencontre dernière, et la dernière répondant à l'avance à ce qu'avait d'étrange son départ précipité. Maintenant voici la mienne :

« Mon cher inséparable,

« Vous savez qui vous avez tué et qui je dois
« venger. Dès le jour qui nous mit en présence,
« je vous connaissais; vous avez fait une faute,
« celle de vous lier légèrement avec un inconnu:
« j'en profiterai, croyez-le bien... Un duel en-

« tre nous deux est impossible, plus fort que
« vous et moi ne le permettrait pas ; n'impor-
« te, je vous ferai le plus de mal que je pour-
« rai vous faire, et cela sans sortir jamais des
« égards et de l'urbanité que deux gentilshom-
« mes se doivent réciproquement. J'espère que
« vous me porterez des nouvelles de la char-
« mante vicomtesse de Norevelle.

« J'ai l'honneur d'être, etc. »

« C'était, vous le voyez, une franche décla-
ration de guerre bien ouverte, fort insolente;
elle me plut. Cela me dispensait de ce faux nom
qui m'était insupportable, surtout depuis que
je connais mon nom véritable; et je me promis, dès ma sortie de circonstance, de reprendre celui-ci pour ne plus le quitter. Vous avez
dit adieu sans retour au bourgeois Roquevel;
vous ferez connaissance, au retour, avec le vicomte de Roquecourbe, et je solliciterai sans

rougir un jugement juridique qui, par un bel et bon arrêt en forme, me rendra le rang mis de côté par quatre générations de mes pères.

« Ces lettres reçues, notre départ attardé de vingt jours, je m'habillai et allai faire des visites. Ma première course me conduisit chez madame de Norevelle; son portier la dit sortie. En désespoir de cette absence, je courus çà et là sans but déterminé. Je traversais la place, lorsque je vis venir à moi la dame de mes pensées. En l'examinant de loin, je fus surpris de sa pâleur; elle me vit, me reconnut, rougit faiblement, et, Dieu me pardonne, sembla vouloir m'éviter. Je ne lui en laissai pas le loisir, et très empressé lui demandai des nouvelles de sa santé. Elle me regarda, comme si ma question si simple l'eût étonnée, et me répondit vite:

« — Comment voulez-vous qu'elle aille

après l'horrible nuit que vous m'avez fait passer?

« — Moi! m'écriai-je, moi!.. Et je ne suis pas sorti depuis hier matin, après avoir passé moi-même...

« — Oui, dit-elle en m'interrompant, vous avez voulu me faire prendre le change.

« — Je ne vous comprends pas.

« — Vous le savez, le proverbe le dit : *Il n'y a pas de meilleur sourd...*

« — De par le ciel, que vous ai-je fait?

« — Rien, rien monsieur ; pardonnez-moi, je viens de me trouver sous la puissance d'une idée folle; oubliez ce que je viens de vous dire, et croyez que j'estime vos vertus et vos qualités.

« J'eus beau faire pour l'amener à s'expliquer mieux, je ne pus obtenir d'elle que mon éloge. Je m'obstinai, je la contraignis presque à prendre mon bras, et triomphant alors, je l'amenai à la promenade toujours déserte. Le matin surtout, à Carcassonne, nul ne se promène ou passe; ainsi l'on fait dans presque toutes les villes de province, à moins que ce ne soit le dimanche après la messe de midi, et le soir les vêpres terminées. Aussi lorsque pendant la semaine et dans le cours d'une matinée, on rencontre hors les murailles, sous des allées, dans des sentiers ombreux, deux personnes qui se promènent, si elles sont de sexe divers, ce sont des amoureux, sinon pariez à coup sûr que ce sont des étrangers, et vous gagnerez.

« La confiance résulte du tête-à-tête, l'abandon et l'intimité de l'isolement. Ce que la vicomtesse m'avait opiniâtrément tu lorsque je l'avais abordée, elle me le débita presque sans que je le lui eusse demandé. Elle s'était trouvée la nuit dernière, pendant le silence et le repos, accablée des particularités d'un songe épouvantable, un loup affreux ayant mes traits, serait entré dans sa chambre, et ayant sauté sur elle, aurait passé une heure entière à lui sucer le sang qu'elle avait dans son cœur.

« Croiriez-vous, mon père, que frappé de stupeur, et tout faible, à cause des choses inconcevables qui passaient devant moi, par le souvenir. Depuis mon entrée au château de Saissac, je n'ai pas ri, je n'ai pas badiné de ce récit, et qu'au contraire, avec une grave persistance, je me suis efforcé de la convaincre que jamais je n'avais revêtu une peau de loup, que je n'étais ni sorcier, ni excommunié, ni *male-bête*, qu'elle ne devait attribuer ce rêve qu'à une mauvaise disposition.

« Ainsi je lui parlais, et néanmoins, au fond de l'âme, je ressentais une torture atroce, je m'irritais qu'un pouvoir prestidigieux se servît de ma ressemblance et fît de moi un vampire amateur, tandis qu'un réel travaillait sous mon nom et ma figure, pour son compte. La longue conversation que j'eus avec la vicomtesse me la montra sous la forme réelle, belle sans doute, bonne encore, naïvement spirituelle, mais élevée dans toutes les superstitions du Midi; croyant aux lutins, aux follets, à la magie, aux revenants, aux sorciers, aux charmes, philtres, talismans, apparitions, que sais-je, telle qu'il n'y en a plus à Paris, même parmi les portiers; et comme l'on en rencontre encore beaucoup dans les départements.

« En la quittant j'avais obtenu d'elle……., la promesse solennelle de me faire savoir si mon fantôme en loup-garou lui rendrait encore visite. D'ailleurs j'étais ivre de parfait contentement et de bonheur ; nous nous promîmes de nous revoir chez le receveur-général, dont c'était le soir d'assemblée.

« Je parus en effet dans cette vaste et noble maison splendidement distribuée, à laquelle il ne manque qu'un jardin pour en faire un hôtel très distingué; je ne manquai pas de voir madame de Norevelle, et comme elle est veuve et moi garçon, je peux, sans offenser votre caractère, vous avouer que nous commençâmes, dès ce soir-là, à croire qu'un mariage prochain nous rendrait heureux.

« Vers les onze heures, je la vis pâlir; elle souffrait, je lui en demandai la cause; c'était une douleur violente qui contractait son cœur, et à tel point, qu'elle dut se retirer. Après son départ, je me sentis pris de sommeil, j'en fis part au marquis; à l'entendre, il dormait debout. — Partons alors, dis-je. — Partons, répondit-il.

« Minuit sonnait à notre rentrée; il me suivit dans ma chambre; son lit avait été enlevé; il m'en parut étonné, je n'en avais pas donné l'ordre. Clare lui dit qu'il était rentré pour lui dire qu'il reviendrait cette nuit dans sa chambre. John me soutint que j'étais aussi venu vers la nuit pour le prévenir que le marquis voulait retourner chez lui.

« Nous nous étonnâmes de ces assertions, les sachant fausses; cependant nous acceptâmes ce qui avait été fait, mais par prudence : un plus franc vous dirait par peur. Je contraignis John à se coucher sur une large chaise longue, où il se trouva si bien, que dix secondes après, il y ronflait, ni plus ni moins que si depuis un mois il eût été frappé d'insomnie.

« Mon père, je ne veux pas me répéter; sachez donc, une fois pour toutes, que cette nuit-là et toutes celles qui ont suivi, l'une entre autre, l'apparition de la veille est revenue avec les mêmes circonstances, sans en changer, sans en y ajouter aucune; que, depuis ce moment, ma maigreur, ma pâleur, ma faiblesse augmentent non rapidement, mais par une progression fatale, sans que rien puisse me mettre à couvert, ou de cette réalité pour moi trop positive, ou de cette hallucination non moins fatale dans son mensonge, puisque les résultats sont égaux.

« J'ai beau ne pas demeurer dans la même chambre, aller à la campagne, rester dans la société, je n'éprouve aucun soulagement; si mon ami, si mes gens me tiennent compagnie, au moment voulu, qui varie seulement, leurs yeux se ferment, leurs facultés terrestres s'émoussent; ils tombent endormis ou engourdis, peu importe, je suis privé de leur concours et je demeure en proie à ce vampire acharné ou à cette vision si pénible.

« Mais ceci n'est pas tout. Je tais, comme vous devez le croire, mon malheur, dont le seul marquis de Montare a connaissance; nous en parlons ensemble Si j'en souffre seul, en souffrir seul, non pas? Une autre personne est également victime de mon infortune. Elle aussi voit chaque nuit, celle où je suis tranquille, un fantôme pareillement altéré de son sang, et celui-là au lieu de lui apparaître sous la forme complète de l'Anglais, prend sans cesse celle d'un animal immonde, mais toujours paré de ma figure.

« Les conséquences de ce malheur sont incalculables; elle et moi nous sentons mourir lentement. Chaque jour, notre vigueur s'épuise et notre courage aussi, tandis que notre amour augmente au milieu de notre désespoir croissant. Aussi, nous avons eu hier un peu de consolation, plusieurs personnes des deux sexes et de notre société, ont reçu des lettres d'invitation de mon parent, le comte de Roquecourbe; il les prie de venir, à dater du troisième jour franc, après la rentrée au manoir de ses pères, l'embellir de leur présence et d'y passer le temps des chasses. Quinze, à part nous, sont appelés ainsi, et sans compter également la vicomtesse qui m'a promis d'accepter et d'y mettre de l'exactitude. Quant à Damatien et à moi, nous nous tenons à notre première détermination et nous devancerons de ces trois jours l'honorable compagnie.

« Lorsque j'ai résolu de vous écrire ceci, je ne pensais pas, mon guide vénérable, avoir plus à vous dire, et je pensais qu'il y en avait assez. Eh bien! la matière est plus riche encore, la frayeur de mes gens vient de m'apprendre que je suis double maintenant, non double de caractère, c'est-à-dire faux, mais double de moi-même, de ma personne enfin, ce qui signifie qu'à Carcassonne, en l'an de grâce 1849 et au mois de novembre, il y a deux Albert de Roquevel, deux très distincts, entendez-vous bien, toutefois que nous ne nous soyons pas encore rencontrés ensemble.

« Je ne suis ni crédule, ni timide, ni superstitieux, soyez en convaincu. Néanmoins, j'avoue que tout ce que je vois me surprend et m'afflige. J'ai toujours entendu dire que ces apparitions d'une double figure annoncent constamment la fin de celui dont un fantôme imite ainsi les traits. C'est là une conviction triste? Que vous semble-t-elle? quel jugement porteriez-vous sur tout ce que je viens de vous décrire? Me renverrez-vous à l'exorciste ou au médecin, cela est-il possible? Notre siècle de raison, d'expérience, de froide conviction, lorsqu'il a détruit tous les préjugés, serait-il vaincu par celui qui le premier a dû disparaître. La superstition ne serait-elle pas une chimère?

« Que j'ai honte de tout ce que je vous écris, que vous allez rire à mes dépens... Ah! si je m'en croyais, je déchirerais cette lettre ou je ne la remplirais que de mensonges, mais pourquoi vous mentir, à vous homme de sagesse et de vérité, à vous dont la vie est pure, à vous qui loin de soutenir la religion dans des gazettes, dans des brochures, dans des livres, par votre présence dans le monde, par des prédications fastueuses qui montrant le bout de l'oreille, du saint repentant, n'en font qu'un hypocrite, qu'un autre tartufe intrigant et avide.

« Je sais que votre piété sincère, car elle se cache, me soutiendra, me contrôlera, me sauvera peut-être, voilà pourquoi je me suis adressé à vous; j'ai, comme vous le voyez, affaire à forte partie. Vous me répondrez, je vous en supplie, en triple original, afin qu'aucun ne se perde, et surtout que chacun arrive à temps. Ce sera, si vous le voulez bien, au château de Roquecourbe, à l'hôtel du Midi à Montpellier, à ma demeure actuelle, à Carcassonne; surtout pas de retard, j'ai affaire à forte partie; et le marquis, bien que moins maltraité, n'est pas plus heureux que moi dans ses moyens de résistance.

« Adieu, tout à vous, comptez sur mon amitié reconnaissante. Je vous dois ma première éducation, par vous j'ai marché librement dans la vie et je vous dois cette réserve, qui sans m'empêcher de faire des sottises, à su toujours me maintenir au-dessus des séductions, de la flatterie et des trames des intrigants et des escrocs de la bonne et de la mauvaise compagnie.

« Je suis donc avec un respectueux attachement, votre disciple et votre ami pour la vie.

« Alfred DE ROQUEVEL OU DE ROQUECOURBE. »

XI

Cette lettre achevée, Alfred de Roquevel regarda la pendule, il n'était pas tard, et il crut pouvoir envoyer à la poste; il sonna.....
Bientôt John accourut... Ses deux camarades dormaient dans l'antichambre.

— Prenez cette lettre et portez-là tout de suite, on ne ferme le paquet qu'à onze heures et la demie de dix n'a pas sonné.

Le valet tendit la main, son maître le regardait en ce moment, il le vit sourire... La frayeur éveille la défiance, et ce sourire qui lui parut malicieux alluma la sienne; il oublia que le jeune homme le servait depuis dix ans avec une fidélité non démentie, et en même temps se rappela qu'il était compatriote avec sir Olivier; cela suffit pour le détourner de sa première pensée, il retira son bras et dit:

— Peut-être on te ferait des difficultés, je les leverai par ma présence. J'irai moi-même chez M. Vidal (*directeur des postes à Carcassonne, en* 1819).

John parut mécontent; il essaya de changer la résolution de Roquevel. Ce fut sans fruit. Celui-ci se maintint dans son opiniâtreté, et malgré les efforts du jockey, ses observations sur le mauvais temps et sur l'heure indue, Alfred prit sa canne, son chapeau, tâta ses poches et y sentit le poignard napolitain et les deux pistolets mignons à double coup, de la manufacture de Versailles, que depuis les apparitions il portait toujours sur lui. Il sortit de la maison.

A quatre pas, dans la rue, vis à vis de la porte de ville, qui de la rue des Jacobins ou de la Comédie donne sur la promenade des Casernes, Roquevel, à sa surprise sans seconde, rencontra face à face de lui John, son jockey; celui-là même qui, une minute au plus auparavant, l'avait accompagné du premier étage, un flambeau à la main, jusqu'à ce qu'il eût franchi le seuil de la porte extérieure.

A cet aspect si extraordinaire, Alfred ne pût retenir un cri d'étonnement. Le pauvre diable, dont les yeux non moins bons lui faisaient reconnaître son maître, se troubla aussi et se montra tout décontenancé; il n'était pas seul, car il donnait le bras à la gentille femme de chambre de la vicomtesse de Norevelle. Il tira son chapeau humblement et se mit à prier son maître de lui pardonner, si le voyant occupé à écrire pendant toute la soirée, lui, avait pris la liberté de sortir sans en avoir prévenu monsieur; que pourtant il l'avait dit à Clare, et que celui-ci, sachant qu'il s'était engagé envers mademoiselle Catherine à conduire au bal, lui avait promis de le remplacer en cas de besoin; que se fiant là-dessus, il était sorti depuis plusieurs heures, et qu'avant la onzième il allait rentrer sagement, dès qu'il aurait reconduit mademoiselle Catherine chez madame de Norevelle.

Ce fut avec une patience curieuse que Roquevel écouta son domestique, lui qu'il venait de voir chez lui, auquel il avait parlé; c'était lui-même qui se présentait à distance de la maison, d'où il serait sorti depuis plusieurs heures..... Cela était-il possible?... Était-ce là le véritable John?... Oh! oui, ce devait l'être, tout le prouvait, surtout lorsque lui, Roquevel, eut interrogé la jeune soubrette à laquelle il désirait trop plaire pour quereller en sa présence son admirateur; elle qui le voyait avec plaisir, attendu qu'il était aussi généreux que poli, familière d'ailleurs avec sa maîtresse, dont elle connaissait le penchant, prit à son tour la parole et corrobora de son témoignage, les attesations du jeune Anglais.

— Certes, John, je ne t'en veux pas d'avoir servi de chevalier à mademoiselle; mais ta vue m'a surpris ne te croyant pas sorti. Libre à toi d'y retourner lorsque l'on te congédiera, et vous, charmante Catherine, veuillez me mettre aux pieds de madame la vicomtesse.

Ceci dit, Alfred poursuivit sa route et arriva à la poste; il entra dans le bureau où il trouva, par grand hasard, le directeur en personne. On allait clore le paquet, Alfred vit sa lettre y prendre place. Il causa avec M. Vidal du nouveau préfet, du ministère Caze, et songea à se retirer lorsqu'une pendule sonna minuit. Le directeur de la poste l'accompagna jusques dans la rue ; là, il se séparèrent civilement.

Roquevel descendit par la rue Saint-Michel, et comme, encore tout près de chez lui, il atteignait la porte de la ville, il entendit derrière lui, mais à distance, la voix bien connue, à cause de son accent, de John, qui lui criait de prendre garde et de se retourner. Par hasard en ce moment sa main droite jouait avec la poignée de son poignard napolitain ; il ne songea ni ne chercha à prendre une meilleure arme. Il saisit fortement celle-ci, et faisant un demi-cercle, vit, à deux pas en arrière, un homme de haute taille, masqué, enveloppé d'un ample manteau bleu et la tête coiffée sous un chapeu gris aux vastes ailes. Cet individu tenait pareillement un stylet long, étroit et ondé, à la lame brillante.

L'appel du jockey arrachant Roquevel à sa rêverie, le sauva probablement aussi de la mort. Son adversaire se voyant découvert fondit sur lui pour le frapper... D'un bond agile, le Parisien esquiva le coup, sauta par côté et profitant de sa position, enfonça son fer dans le bras droit de l'inconnu qui poussa un cri rauque et plein de rage ; puis il s'adossa à une petite porte proche du lieu de la scène ; elle s'ouvrit, il entra et la referma.

Les diverses parties de cette scène tragique s'étaient développées avec tant de rapidité, que le domestique n'avait pu arriver à temps au secours de son maître, ni celui-ci saisir le meurtrier ; mais sans réfléchir et entraîné par un premier mouvement de colère, il vint à la porte, essaya de l'ouvrir et même de l'enfoncer, ne pouvant y parvenir, il y frappa avec tant de véhémence que bientôt on accourut de toutes les rues du quartier.

La mairie n'était pas loin de cet endroit non plus qu'un corps-de-garde ; en quelques minutes une foule nombreuse se réunit, et la surprise fut grande lorsque Roquevel déclara qu'il venait de se défendre avec avantage contre l'agression d'un ennemi armé qui ayant pris la fuite, s'était sauvé dans cette maison. John confirma cette accusation de son témoignage. Il revenait d'accompagner *une dame* qui logeait dans la grand'rue, chez madame Fournier ; la Madelaine, s'étant un peu attardé, vu la permission de son maître, il avait aperçu un homme marcher devant lui lentement ; puis celui-ci ayant vu M. de Roquevel entrer aussi dans la rue Saint-Michel venant de celle de la Poste, il s'était mis à courir presque, un poignard à la main. La sérénité de l'air, la lumière de la lune l'ayant aidé à bien voir, sur son cri son maître s'était retourné et mis en défense. Au coup réciproquement porté, l'assaillant était entré dans la maison désignée par Roquevel.

— Mais, s'écrièrent trente voix, elle n'est pas habitée, pas même meublée; il y a plus de huit mois que le propriétaire l'a comme abandonnée.

Cette assertion, quoique vraisemblable, ne satisfit ni Roquevel, ni le commissaire de police, ni le premier adjoint de la mairie, ni le lieutenant de la gendarmerie, arrivés tour à tour. L'autorité municipale ordonna l'ouverture de la porte par la force; des compagnons serruriers voisins, appelés, eurent tôt satisfait à l'injonction légale. La gendarmerie, la troupe de ligne, les autorités, Roquevel, John et aures entrèrent.

La maison, à dimensions rétrécies, n'avait pas de cour. Trois chambres au rez-de-chaussée, trois au premier étage, deux au second, un galetas, une cave mignonne, furent successivement visités. On ne trouva personne, ni aucun meuble; cependant, sur les marches de l'escalier, on découvrit un manteau et un masque. La vérification faite exactement du premier, le fit voir taché par le bas de boue et d'eau encore humide, et sur un des pans on vit un trou dont la dimension était celle de l'arme dont Roquevel l'avait frappé.

Cette découverte établissant la certitude qu'un assassin avait pénétré dans la maison, détermina des recherches nouvelles. On sonda les murailles, on découvrit la toiture, on creusa dans la cave, sans parvenir à y surprendre le moindre vestige de ce qu'on espérait y rencontrer. Les opinions se réunirent à croire que l'inconnu, bien instruit de la position des lieux, se serait évadé par les maisons voisines, sans toutefois qu'on pût concevoir comment la chose aurait pu arriver.

Roquevel avait été l'un des premiers à se retirer, en compagnie de John, auquel il devait la vie. Le marquis rentrait en même temps que son ami; il se troubla à la nouvelle de cette horrible tentative de meurtre, et demanda un compte exact de ce qui s'était passé. Roquevel le lui rendit de point en point, ayant soin de faire précéder cette dernière partie de l'incident de la lettre, et la révélation; soit de son doublement, soit de celui de John; car Clare soutint que ce dernier n'avait aucunement paru dans la maison depuis que lui-même l'avait autorisé à sortir, en lui promettant de répondre à sa place. D'ailleurs, le service signalé que l'adolescent venait de rendre à son maître prouvait victorieusement qu'il n'entrait pas dans un complot médité contre lui.

Roquevel, sentant le besoin de témoigner sa reconnaissance à John, le fit reparaître devant lui et Damatien. D'abord il l'embrassa affectueusement, et puis, malgré ses refus, lui déclara que dès ce moment il portait ses gages à une somme annuelle de quatre mille francs, qui lui serait servie à titre de pension pendant le reste de sa vie.

John alors tira de son sein un poignard qu'il y avait caché, et le remit à son maître, en lui disant qu'il l'avait trouvé par terre, à la place même où Roquevel avait frappé au bras son ennemi; que, préférant le laisser à celui-là qu'à la justice, il n'en avait rien dit à la police ni aux gendarmes, non plus qu'aux officiers municipaux. Roquevel allait l'accepter, lorsque Damatien, avançant vivement la main, s'en empara, l'examina, et, tout effrayé, se mit à pousser un cri.

— Qu'est-ce? demanda Roquevel; reconnais-tu cette arme en effet extraordinaire?

— Si je la reconnais! répondit le marquis; certes; il faudrait que ma mémoire fût bien mauvaise pour qu'elle eût oublié la forme de ce poignard et la circonstance à laquelle son souvenir est rattaché. Écoute-moi; et toi, John, demeure : entrer dans nos secrets est le meilleur moyen de te payer de ton dévouement.... Pardonne-moi, poursuivit-il, mon cher Alfred, si tout ceci me force à revenir sur le passé. Te souviens-tu du jour fâcheux où sir Edgard Hertfort te provoqua? Tu sais qu'avec le chevalier d'Herbenette nous allâmes chez lui, où ses deux témoins nous avaient fait prier de passer. Leurs efforts et les nôtres ne purent arrêter cette fatale affaire. Les hommes qui doivent mourir sont fées, disent les Écossais. Il est certain que quelque chose de particulier les pousse à leur perte. Sir Edgard refusa opiniâtrement tous les biais qu'on lui proposa; il voulait ton sang ou le sien ; il fallut le satisfaire. Nous sortîmes avec lui, et montâmes tous cinq dans la même voiture, afin d'aller te rejoindre aux Champs-Élysées, où tu nous attendais au numéro 77, chez un de tes amis. Le baronnet avait un pied sur le petit degré de la voiture, lorsque, se rejetant en arrière : « Non, dit-il, je ne peux « sortir sans mon talisman.... » Et, sur ce, il descendit et rentra chez lui. Il se fit attendre au moins pendant dix minutes ; nous crûmes qu'il les employait à écrire ; c'était une erreur : ses dispositions étaient faites. Il reparut, tenant dans la main une boîte de chagrin noir ; il l'agita, la montra triomphalement ; l'un de ses témoins lui demanda ce qu'il y renfermait.

« — Mon talisman, dit-il ; un objet qui me conservera la vie tant qu'il ne sera pas loin de moi, ajouta-t-il en riant. Voyez, messieurs. » A ces mots, il montra dans la boîte ouverte un

objet enveloppé dans un sac de peau parfumée.
C'était un magnifique poignard malais ondé,
à poignée de vermeil, ornée de quatre perles
baroques, de quatre rubis balais et de deux
émeraudes d'une eau admirable. Sur la lame
étaient gravés des caractères prétendus magiques. Le fourreau était de velours rouge ; sur
la pointe en or on avait enchâssé deux émeraudes. Nous examinâmes avec attention cette
arme royale, rapportée des Indes, et elle nous
occupa jusqu'au moment où tu nous rejoignis.
Alors l'idée me revint des paroles échappées
à sir Hertfort, et j'insinuai au chevalier d'Herbenette de demander que les deux combattants
ne gardassent aucune autre arme que leur
épée. A la proposition qu'il fit, et à laquelle tu
acquiesças en déposant des pistolets que tu
portais, je vis pâlir sir Hertfort ; il jeta un regard de haine sur le chevalier; néanmoins il ne
dit rien et s'exécuta bravement ; il sortit de

son sein le poignard malais, et le tendit à l'un de ses témoins. Celui-là, inattentif, ne fit pas attention à ce geste ; mais moi, je l'avoue, que préoccupait une idée superstitieuse, je me présentai et reçus l'arme talismantique, avec laquelle je m'éloignai promptement. Ce fut alors que le baronnet reconnut sa méprise ; il était trop tard pour la réparer ; il me suivit néanmoins d'un regard empreint de courroux et de reproche, mais sans pouvoir rien dire : l'honneur lui interdisait tout ce qui eût ressemblé à un secours emprunté à autre chose que sa valeur et son épée. D'ailleurs tu l'attaquas avec prestesse, tandis que je me reculais toujours, me rappelant ce qu'il avait dit, et tendant à mettre entre lui et le poignard indien une distance qui rompît le charme que je soupçonnais exister. Sir Edgard combattit en désespéré ; tu le frappas mortellement. Je me rapprochai dès que je le vis tomber. Déjà il semblait ne plus

exister ; je t'emmenais loin de ce funèbre théâtre, lorsqu'un des seconds de celui que déjà je regardais comme mort courut après nous, et, me parlant, me dit que sir Edgard m'enjoignait de revenir auprès de lui, au nom de mon père défunt et de ma loyauté. Surpris de ce propos, j'obéis. Le baronnet était couché sur la froide terre, pâle, sanglant, et défunt presque déjà; ses yeux étaient fermés, son pouls éteint; il râlait. Celui qui me ramenait lui dit mon nom et que j'étais là tout proche.... Alors je vis cet homme, qui ne comptait plus parmi les vivants, se ranimer, me faire signe de me pencher contre son oreille. Dès que j'eus pris cette position, il me dit d'une voix pleine de dépit et de rage : « ... Vous, mon meurtrier réel...
« oui, vous, et vous le savez bien, ajouta-t-il
« en souriant amèrement, aurez-vous assez de
« commisération pour ne pas me séparer de
« l'arme que vous m'avez enlevée avec tant d'à-

« propos ? Je vous conjure, par tout ce qui
« vous est cher et sacré, de poser sur mon
« corps, en dessous de tout vêtement, ce poi-
« gnard auquel je tiens comme à ma vie. —
« J'oubliais de vous le rendre, dis-je tout trou-
« blé, et je serais bien coupable de le retenir...
« — Fournissez la preuve de la sincérité de
« vos paroles ! » répliqua-t-il avec une nouvelle fureur. Surpris de plus en plus de sa férocité, je sortis de ma poche l'objet en question, et, profitant de ce que le baronnet était
en chemise, je glissai sous celle-ci et sur sa
peau, selon sa fantaisie, ce qu'il réclamait si
instamment. Dès-lors, je te suivis, et je n'ai
plus revu ni sir Edgard ni ses témoins. Je sais,
comme toi, qu'on l'enterra tout de suite, et se-
crètement, dans un endroit ignoré, par le cal-
cul obligeant des témoins, m'a-t-on dit, afin
que les tribunaux ne pussent se mêler de cette
affaire au moyen d'un commencement de preu-

ves, du corps du délit..... Eh bien! Alfred, que penseras-tu lorsque je te dirai que ce poignard ondé que tu as vu briller dans la main de l'assassin de tantôt, celui que je tiens dans la main et que John vient d'y mettre, est le même, oui, le même que j'ai rendu à sir Edgard; et qui a dû être enseveli avec lui? »

Alfred et son domestique écoutaient avec une attention mêlée d'épouvante la révélation que le marquis leur faisait. Le dernier manifestait sa surprise par des exclamations; l'autre, plus accoutumé aux choses de la vie (*à la roba italienne*), gardait le silence sans en être moins touché; aussi s'empressa-t-il de dire:

— Il n'y a pas de doute, s'écria-t-il, sir Olivier est l'homme de tantôt; frère du baronnet, il aura retiré du cercueil du défunt le poignard étranger dont il a voulu se survir par représailles pour m'ôter la vie.

— Je partage ton opinion, reprit le marquis, ou plutôt tu te ranges à la mienne. Il est certain que tout à l'heure, lorsque notre brave et honnête Irlandais m'a fait remise de cet objet menaçant, à la vue de ses courbures imitant celles d'un serpent, de ces caractères dont je serais curieux de connaître la vraie signification, du riche travail de la poignée, de ces perles barroques, qu'on se rappelle si facilement, de ces rubis balais, de ces émeraudes, un soupçon, violemment maintenant changé en certitude, s'est élevé dans mon cœur. L'infâme n'a pas craint de profaner l'asile de la tombe, il a commis le sacrilège devant lequel le plus mauvais sujet recule souvent.

— Et dont je le punirai, de par DIEU! reprit Roquevel.

— Non, tu n'en feras rien; laisse au contraire ce misérable, sans le craindre. Écartons-nous-en et partons pour Montpellier, ou mieux encore pour Avignon, Arles, Aix, ou Marseille. Là rendus, tu écriras franchement au comte de Roquecourbe la cause de notre brusque départ de Carcassonne, et si celui-ci est pour toi un bon parent, ce dont je doute, car enfin...

Il s'arrêta, craignant d'en trop dire. Roquevel, trop occupé de ses propres idées, ne fit nulle attention à ceci. Prenant la parole avec pleine vivacité :

— Non, non, mon ami, nous n'écrirons point pour nous excuser, ni nous ne prendrons pas la fuite. Moi, avoir peur devant un misérable, un charlatan, qui emploie des secrets de physique à servir sa lâcheté ; car dans tout ceci l'électricité, le somnambulisme, le magnétisme animal, la lanterne magique, et tous les secrets de Comus, de Pinetti, de Cagliostro, peut-être les machines de Comte, sont à ses ordres. Il n'y a que cela, rien que cela; et depuis l'aubergiste de Saissac, qui, sous feinte de ne pouvoir nous loger au village, nous a conduits dans un château préparé pour nous égarer par de la fantasmagorie, jusqu'à mon cher parent, qui a, lui aussi, une raison cachée de me nuire, ou au moins de m'épouvanter; tout marche à son gré. N'importe, je le braverai face à face. Nous sommes deux hommes de cœur : mon petit John et ton grand Clare ont fait leurs preuves ; celui-ci est de ce pays, il y a des parents, des intimes ; il est probable qu'il pourra nous procurer quatre compagnons qui, bons Frrrrrançais, comme on dit, seront charmés de combattre un Anglais, méchant, fourbe et lâche. Or huit hommes ne peuvent être surpris; dussé-je dénoncer au corps respectable de la gendarmerie ce qui se passe : ce que son devoir lui ordonne d'empêcher, ou de comprimer.

— Quant à moi, dit John en montrant ses poings fermés et en se mettant en attitude de boxeur, j'ai vingt ans de bonne vie, quoique j'en paraisse avoir seize à peine, eh bien! il y en a dix-neuf au moins que tous mes proches, depuis mon père et ma mère et mon curé, m'ont élevé dans l'amour de Dieu et dans la haine des Anglo-Écossais, orangistes, hérétiques, diaboliques et damnés à tout jamais.

Les deux amis se mirent à sourire, et le marquis serra la main du jockey, qui faillit s'évanouir par l'émotion que lui causa un orgueil joyeux.

— Soit, dit Damatien; allons à Roquecourbe. Je crois en effet que huit gaillards déterminés n'ont rien à craindre, surtout s'ils sont surveillés dans leur intérêt par le corps honorable de la gendarmerie. John, va chercher Clare; il n'y a pas de temps à perdre.

XII

Le jockey partit et revint en moins d'une minute; l'honnête et brave Clare l'accompagnait. Son maître, ou plutôt son ami, car le marquis l'était par la manière affectueuse avec laquelle il recevait ses services, commença par ne lui rien cacher de l'affaire (la confiance illimitée seule attire et mérite le dévouement absolu), termina par lui faire savoir ce qu'on voulait de lui. Sa figure s'illumina de contentement, puis il dit :

— C'est avec raison que ces messieurs se flattent de trouver ici des hommes courageux et probes. La manie du siècle n'a pas encore tout gâté en France, et dans toutes les provinces il y a aujourd'hui des gens pour qui la religion et l'honneur sont tout; et parmi les miens j'en rencontrerai qui seront mes émules. La Providence au reste nous a bien servi et même à l'avance, car elle voit de loin. D'abord j'ai rencontré hier deux Bretons, mes camarades d'armes, ayant mon âge à peu près, mon grade, et comme moi décoré d'une étoile pendue à un ruban rouge et que je ne porte que dans les grands jours, et pour cause.

Il soupira. Le marquis le serra dans ses bras, et l'interrompant :

— Oui, Clare, par amitié pour moi, tu as voulu être non domestique, mais me suivre,

parce que ton père était le père de lait du mien:
j'apprécie ton dévouement...

— Votre affection le récompense, monsieur; mais que je continue. Mes deux Bretons, l'un Antoine Kernet, l'autre Ouel Varnek, se retirent du service. Lorsqu'à quarante ans l'on a fait toutes les guerres de la République, du Directoire, du Consulat et de l'Empire, on en a sa part suffisante. Je me charge de les embaucher pour autant de temps que ces messieurs voudront. Licenciés à Perpignan, ils rentraient chez eux, et ils se sont arrêtés ici pour satisfaire le plaisir réciproque de nous voir. Ils demeureront indéfiniment : j'en fais mon affaire. En voilà deux. Mon frère de mère seulement, et mon cadet de cinq ans qui a servi dans la cavalerie, il s'appelle Georges Hérissant; notre cousin, son camarade d'armes; Mathieu Duroc, compléteront le détachement, et vous pouvez faire fonds sur eux quatre en fidélité, courage, sagesse et dévouement, autant que je me plais à croire que vous en faites sur moi.

Les deux amis manifestèrent à Clare leur contentement, et le prièrent de ne pas attendre à demain. Il allait sortir, lorsque s'arrêtant :

—J'oubliais le meilleur, dit-il ; nous allons, n'est-ce pas, au château de Roquecourbe ? Eh bien! apprenez que M. le comte a pris à son service pour cocher, mon ami intime, et pour son premier valet de chambre mon propre neveu ; il se peut même qu'il ignore ce degré de parenté entre Roullens et moi. S'il n'en sait rien, je ferai en sorte que dès notre arrivée la chose lui soit inconnue. Enfin, dans la brigade de gendarmerie qui habite Lagrasse et qui inspecte le canton de ce nom, de Tuchant et de Mouthoumet, mes Bretons et moi comptons trois camarades. Avec tout ce monde de bon accord, nous mangerions le diable, pour peu qu'il voulût nous entamer.

Clare s'éloigna. Il revint une heure après, qu'il avait employée à boire avec quatre hommes de riche taille et de bonne mine, ayant tous une propreté exquise, une tenue raide, la figure expressive et franche, et une haine prononcée pour tout habitant de la vieille Albion. On s'entendit facilement. Les deux amis se montrèrent généreux en présence du désintéressement des autres. On leur expliqua qu'on allait en pays ennemi, où il y aurait un danger réel; qu'il faudrait se méfier souvent, tout examiner et combattre parfois. C'était envoyer à une fête quatre braves, enchantés d'ailleurs de molester des Anglais. Ne s'étaient-ils pas trouvés à la bataille de Toulouse en 1814, et à celle de Waterloo en 1815? A peine si les souvenirs de Mayence, des Prussiens en fuite en 1792, des victoires de 1793, des merveilles de 1794 et

1795 sur le Rhin, et des prodiges commencés à Millesimo en avril 1796, continués en tant de lieux en Italie jusqu'en 1798, alors renouvelés dans deux autres parties du monde (l'Afrique, l'Égypte; l'Asie, la Palestine), poursuivis, en Europe, à Marengo, Austerlitz, Iéna, etc., les consolaient de ces deux honorables et fatales journées, si la première ne fut pas un succès.

On décida que tous quatre, sous le costume de gardes-chasses, escorteraient le marquis et Roquevel; que l'on ferait la guerre à l'œil, et que, toujours sous toutes les formes, on ne se laisserait ni surprendre ni endormir; que du reste on feindrait de ne connaître ni les deux domestiques du comte de Roquecourbe, ni les gendarmes avec lesquels on avait fait plusieurs campagnes. En 1849, on trouvait rarement un homme qui, plus ou moins, n'eût porté les armes ; car alors les infirmes seuls avaient pu rester dans leurs paisibles foyers.

Dès ce moment, les nouveaux enrôlés dans les corps francs de Montare et de Roquevel, comme ils se plaisaient à le dire, augmentèrent la maison des deux amis. Elle prit l'aspect d'une place de guerre : on y fourbissait des armes, on y faisait des assauts d'armes, ou bien on y nétoyait des fusils, des sabres, des pistolets pendant la nuit, en secret et dans l'intimité complète. Les autres domestiques, pour la plupart gens de bien, firent tant qu'il fallut encore choisir dans leur nombre quatre d'entre eux, qui avec les quatre premiers habiteraient non dans le château, mais aux alentours, sous prétexte d'être des piqueurs, des valets de chiens, des palefreniers ; la fortune considérable de Roquevel et de Montare leur permettait de déployer ce faste conservateur en ce moment.

Le lendemain, la ville fut en rumeur au

bruit de l'assassinat dont un des deux étrangers avait failli être la victime. Des malveillants, il est vrai, tentèrent de nier cette rencontre, prétendant que Roquevel l'inventait. Mais le témoignage muet du manteau et du masque saisis sur l'escalier, le premier encore mouillé et taché d'une boue non séchée, firent tomber ces mensonges semés exprès par un inconnu. Le propriétaire du logis, absent de la ville, y revint; il ne put rien apprendre, puisque nul n'était entré comme locataire, ou même pour la voir. Du reste, de nouvelles preuves d'un séjour momentané furent obtenues ou reconnues que l'on avait fait du feu dans une cheminée; un bougeoir d'argent et de forme antique, garni d'un reste de bougie noire, était resté sur une vieille table, et le propriétaire déclara qu'il ne lui appartenait pas. Sur le parquet d'une salle basse, on avait tracé avec de la craie blanche, de la sanguine rouge et du charbon noir, des cercles, des têtes de mort, des os en sautoir, des figures diaboliques et des caractères mystérieux.

Il résulta de tout ceci que la maison acquit une mauvaise renommée ; elle était hantée et plusieurs années s'écoulèrent avant que nul voulût s'y loger. Celui à qui elle appartenait s'en rendit maître en désespoir de cause. Le soir même où, après avoir donné un grand repas pour y planter la crémaillère, lui, sa femme, sa fille et leur domestique, furent si tourmentés, dirent-ils, que le lendemain ils partirent pour retourner à leur campagne, renonçant à jamais à ce manoir maudit. En effet, vers 1824, on le démolit de fond en comble, et en enlevant les fondements, on trouva deux coffres de fer ; le squelette d'un enfant de neuf à dix ans qui était disparu depuis 1819 était dans l'un, et dans l'autre une peau colossale de loup avec des griffes de fer, et neuf crapauds en vie ; ceux-ci causèrent un tel effroi aux ouvriers quand ils se mirent à sauter çà et là, que deux s'évanouirent, que les autres se sauvèrent, et au retour ils ne trouvèrent plus les immondes animaux; mais la peau ardait et si bien, qu'il n'en restait plus que les extrémités. Tout cela fit recommencer les caquets sans qu'il fût possible d'obtenir aucun renseignement sur le crime qui sans doute avait été commis dans ce lieu, (les ossements en faisaient foi) peut-être accompagnés de plusieurs autres.

Les deux amis ne parlèrent pas du poignard qu'ils conservèrent précieusement; le marquis y fit faire un fourreau très-simple, disant qu'il ne désespérait pas de conquérir un jour celui plus riche qu'on lui avait montré auparavant. On multiplia les précautions intérieures, et en se rappelant du doublement mystérieux du marquis et de John ; ces messieurs et leurs engagés se donnèrent mutuellement des mots de reconnaissance propre à chacun en secret, et qu'on ne lui demandait et qu'il ne disait qu'à l'oreille; enfin un geste également secret et particulier achevait de rendre impossible ou inutile toute supposition de personne.

Trois jours après, une lettre du comte de Roquecourbe arriva à son cousin Alfred; elle rappelait à celui-ci quel jour il devait arriver au château où il était attendu avec impatience avec son ami et où, en même temps, le propriétaire reviendrait de Perpignan d'où il datait sa lettre; un post-scriptum disait négligemment :

« Le pauvre sir Olivier n'est pas heureux dans ses entreprises ; il croyait pouvoir mener à bien une affaire qu'il avait dans les environs de Narbonne, au lieu de cela! il a fait une chute: s'est blessé à l'épaule droite, et au lieu de cheminer à son gré, il est depuis six jours (*trois ajoutés sans doute*) rentré au château, fort malade et de bien mauvaise humeur. Que le ciel, mon neveu, vous préserve, ainsi que votre ami, d'un aussi triste accident! Il vous attend avec impatience; votre aimable gaîté hâtera sa guérison. »

Les deux amis s'entre-regardèrent à cette nouvelle survenue si à propos pour établir un alibi qui préserverait l'anglo-Écossais du soupçon d'être l'auteur du guet-apens dont l'un d'eux avait failli devenir la victime; mais un autre problème s'éleva alors : le comte de Roquecourbe était-il de connivence ou innocent? cherchait-il à tromper son parent, ou bien l'était-il lui-même par son hôte? Alfred penchait pour ce dernier cas comme Damatien pour le second, et chacun soutenait son dire avec des raisons parfaites.

Plus Madame de Norevelle voyait arriver le moment de partir pour Roquecourbe, moins son courage s'accroissait; ses nuits alternativement devenaient cruelles; un vampire toujours caché sous les traits de son amant venait sucer son sang avec une constance désespérante. Au moment venu, si elle était seule, elle s'endormait, et le maudit loup-garou fondait sur elle; restait-elle en compagnie, elle voyait la société entière la perdre de vue comme si elle n'était plus là; l'infernale bête entrait, la saisissait entre ses pattes, appuyait sur son flanc gauche sa tête (celle de Roquevel), et se mettait tranquillement à l'œuvre. Certes ceci annonçait bien une hallucination, un moment de monomanie particulière, et dès-lors augmentait son désespoir.

La veille du jour où Roquevel devait se mettre en route, le facteur de la poste apporta un petit paquet solidement enveloppé, bien cacheté, dont le courrier avait fait sa charge personnelle et qu'il recommanda autant qu'on le lui avait recommandé ; le porteur frappe au logis des amis, John vint ouvrir.

— Voilà pour M. Alfred Roquevel ; il y a vingt francs à remettre.

Le domestique sort de la poche de son gilet une pièce d'or de quarante francs et la donne au facteur qui de l'autre main lui présente ce qu'il apporte ; mais à peine le paquet cacheté a-t-il touché les doigts du jeune jockey que celui-ci pousse un cri horrible ; il disparaît en même temps d'une course si prompte qu'elle est sans pareille, tandis que le paquet tombe par terre.

A ce cri, on accourt ; Clare, les deux Bretons, John lui-même viennent ; à sa vue, le facteur effaré le regarde avec stupéfaction et lui demande pourquoi il a hurlé et fui si vite qu'il a cru le voir s'évanouir dans l'air, et quel motif le ramène ? John, d'abord étonné, se remet, fait un geste que Clare lui rend, ramasse l'objet tombé, et d'un ton calme répond qu'il a voulu s'amuser.

— Oh! réplique le facteur, c'est une méchante manière de se réjouir; vous êtes parti comme si le diable vous eût enlevé... A propos, voilà vingt francs, la monnaie de la pièce que vous m'avez donnée.

John, sans plus rien dire, prend les quatre pièces d'argent et, accompagné de Clare, monte chez leurs maîtres revenus à coucher dans la même chambre, et en remettant à Roquevel ce qui arrive à son adresse, lui raconte ce qui vient de se passer, et comment ce paquet a par lui-même déjoué le tour qu'un faux Irlandais s'apprêtait à jouer sous les traits du véritable. Ceci surprend les deux amis sans trop les étonner; ils commencent à être accoutumés aux prestiges.

Cependant Roquevel brise les cachets, défait l'enveloppe de toile cirée ; il aperçoit au-dedans une boîte de laque ; il l'ouvre ; deux cordons de soie noire, blanche et verte assez longs pour que, passés au cou, les deux bouts réunis descendent plus bas que la poitrine; ils soutiennent deux merveilleux reliquaires d'or émaillés et ciselés, travail exquis du quinzième siècle et même du précédent, œuvre délicieuse d'un artiste vénitien, génois, pisan, ou florentin. Chacun renferme des ossements de divers martyrs ; à côté d'eux, et dans des écrins de galuchet, il y a deux bagues d'or ; un rubis, symbole de foi, brille dans le chaton, environné d'un cercle de mignonnes émeraudes et de topazes orientales, le tout de la plus belle eau, et en emblême de l'espérance la première qui est verte, la seconde de la charité, car elle est jaune et signifie l'or ; diverses croix sont gravées tout autour des bagues. Une lettre se laisse voir... Roquevel la déploie, la baise, car il a reconnu l'écriture et se met à lire à haute voix:

✝

« Au nom de la très sainte Trinité !

✝

« Gloire à Marie dont le talon a écrasé la tête du serpent !

✝

« Mon très-cher fils, je voudrais être auprès de vous pendant la lutte acharnée que le malin esprit vous livre, en attendant, j'ai rendu grâce à Dieu de votre confiance en moi, elle vous sauve au moins la vie, car je puis vous mettre à l'abri des pièges mortels de notre commun ennemi.

« Votre lettre demande une longue réponse, je n'ai pas le temps de la faire, et néanmoins je veux vous secourir en attendant que je vous dépêche une autre missive dont le contenu vous surprendra par-de-là toute expression, vu les révélations qu'elle contiendra. Je vous expédie par une voie sûre :

1° Deux reliquaires bénis, consacrés, et tour-à-tour portés pendant un an par le cardinal et Saint-Charles-Borromée, par Saint-François-de-Salles; et de nos jours, par la Sainte-Clotilde de France, reine de Piémont ; ils ont appartenu au saint Pape et souverain Pontife Benoît XII pour qui ils furent faits primitivement ; je ne peux vous les donner, vous les garderez vous et votre ami tant que votre ennemi primitif ne sera pas vaincu : vous me les rendrez ensuite, car ils doivent servir à un grand nombre d'affligés. Avec eux, vous n'avez à craindre aucune embûche à force ouverte, et pourvu que vous ne tombiez pas en état de péché mortel, ils vous défendront suffisamment contre les trames infernales.

« 2° Les deux bagues vous paraîtront précieuses par la matière et la netteté des pierreries qui les accompagnent. Certes, on ne pouvait choisir de moindres objets pour les rendre dignes du trésor inestimable qu'elles renferment dans une cavitée pratiquée exprès. Sous l'un et l'autre rubis est un fragment inappréciable du sacré bois sur lequel fut couché le Sauveur du monde, et ce qui lui donne une valeur supérieure à toutes les richesses mondaines, c'est qu'il est humecté d'une goute de ce sang auguste et adorable qu'il répandait pour nous sur cette même croix.

« En pressant le petit bouton posé à gauche du rubis, celui-ci jouant sur une charnière, se range par côté et laisse voir sous un diamant aminci en forme de glace, le fragment précieux formant lui-même une croix.

« Je vous préviens, d'abord, que pour regarder ou découvrir, même, ce trésor sans pareil, il faut s'être accusé de ses fautes et en avoir obtenu l'absolution, ou bien, il faut se trouver dans un péril tellement imminent, que la foi seule en la vénérable relique vous sauve : hors ces deux cas, celui de pure curiosité de vous et d'autrui, étant complètement interdits : ne songez pas aussi à révéler ce que l'on vous confie en grand secret.

« La relique en son état naturel, détruit victorieusement les illusions infernales ordinaires ; mais pour renverser celles permises en punition de vos crimes (les péchés mortels), il faut la découvrir.

« Tremblez, si étant coupable vous ouvriez la relique, ou, si l'ayant, vous commettiez un sacrilége, et il y en a de plusieurs espèces. Si vous le redoutez, ne portez pas toujours cette bague, ne la mettez pas à votre doigt que dans les périls réels : ne craignez pas qu'on vous la ravisse, tout vol provenant d'une circonstance infernale, qui aurait pour but de vous en priver, sera déjoué sévérement et puni à la minute.

« Munis, chacun de ce double trésor, hâtez-vous de courir au tribunal de la pénitence, d'y obtenir le pardon de vos fautes; après rentrant chez vous, en présence de ceux de vos gens en qui vous avez confiance, mettez-vous tous à genoux, récitez le *Veni Creator;* suivi des *Litanies du saint nom de Jésus*, le *Miserere*, le premier psaume de la Pénitence; puis *les Litanies de la très sainte Vierge*, *mère de Jésus-Christ, notre père et Seigneur.* Ayant achevé par le *Confiteor* et le *Credo*, vous passerez au cou du marquis votre ami, la relique dite de saint Charles Borromée; lui fera de même pour vous de celle de saint François-de-Sales : ensuite chacun dévotieusement ouvrira sa bague, qu'il placera sur une table, couverte à l'avance de ce que vous aurez de plus riche en étoffe et chargée de flambeaux allumés.

« Tous à genoux, vénérez ces pieuses, ces sacrées reliques, et enfin après que chacun les aura vues et baisées dévotieusement, vous les mettrez au doigt, ou les replacerez dans leurs écrins séparés, que chacun de vous conservera comme je vous ai dit, et avec les précautions imposées.

« Je suis, mon cher fils, maintenant plus tranquille, puisqu'aucune puissance de votre ennemi ne vous vaincra. Ma lettre prochaine vous expliquera forces choses. Le combat sera rude, plaise à Dieu que vous sortiez vainqueur de cette lutte, elle sera bien périlleuse.

« Vous ne garderez pas plus les bagues que les reliquaires ; quand on vous les reprendra c'est que vous n'en aurez plus besoin.

« J'oubliais de vous dire, que chaque samedi à l'heure précise du coucher du soleil, ce qu'il faut apprendre et noter sur vos tablettes ; vous vous retirerez à l'écart, seuls, ensemble ou séparés, soit dans votre chambre, dans la campagne, et mieux encore dans une chapelle ou église, si cela se peut, sans affectation. Là vous cacherez à tout regard indiscret cette pratique pieuse, et vous mettant à genoux, vous direz quelques prières; particulièrement le *Veni Creator, Roscere cœli, le Miserere, le de Profundis* et toujours *les Litanies de la très sainte Vierge*. Alors, attendez-vous toujours à une bonne pensée, à une communication intime ou réelle, à une apparition ou visite toujours propice ou agréable; mais tremblez si vous tombez dans le crime, car le moment de cette pratique que je vous enjoins et commande impérieusement par forme de pénitence, deviendra alors pour vous celui d'un châtiment rigoureux, mais passager.

« Mon fils, en m'écrivant, vous vous êtes soumis à moi, continuez et ce sera votre sauvetage, que votre ami vous imite s'il tient au sien, car votre destin depuis le fatal duel avec sir Edgard, est tout lié l'un à l'autre irrévocablement.

« Adieu! adieu, par ma prochaine vous en saurez davantage.

« ÉTIENNE DE DAMENAY, prêtre émigré. »

XIV

Cette lettre, non moins bizarre que tout ce qui se passait depuis quelque temps autour des jeunes amis, les eut peut-être amusés dans une autre circonstance; du moins eussent-ils reçu avec moins de révérence les bijoux pieux qu'elle accompagnait, et ils eussent surtout ajourné ou supprimé le cérémonial chrétien qu'elle indiquait. Mais les hommes varient selon la position où la fortune les place, et dans celle-ci, ils se montrèrent humblement reconnaissants de ce que l'on fesait pour eux.

L'un et l'autre obéissant à la formule tracée débutèrent par dresser dans une chambre petite et voisine de la leur dont ils firent, dès ce moment, un oratoire, une manière d'autel couvert d'étoffes de prix et d'un lez de drap d'or, que par hasard ils avaient acheté à Toulouse, à leur passage dans cette ville. Ils y mirent un crucifix d'or, ouvrage précieux de ciselure, de Jean de Pise, auquel Benvenuto Cellini avait fait un élégant piédestal, quatre flambeaux de la renaissance aussi; des candélabres de Louis XV, et forces fleurs dans des vases de porcelaine et de cristal.

Ils se firent indiquer un digne prêtre, et ils allèrent lui révéler les secrets de leur conscience. Dans le Midi, dans la Bretagne, eût-on même été soldat, on n'en est pas pour cela mauvais catholique ; il est même rare que des maîtres pieux ne ramènent pas leurs domestiques dans la bonne voie. Après ce qui arriva dans cette circonstance, Damatien et Alfred, atterrés par tout ce qu'ils avaient vus, redoutant pire encore, comprirent que pour combattre l'ennemi véhément et les terribles aides qu'il prenait contre eux, ils devaient user de ressources extraordinaires, aussi ne craignirent-ils pas de s'amender. La chose eut lieu en secret dans l'admirable église de la Cité. Les hommes qui dorénavant s'attachaient à leur cause les imitèrent en tout, de telle sorte que, dès cette heure, la vie de la maison fut non changée, mais régularisée, et à leur rentrée chez eux le jour où dans l'ancienne cathédrale ils étaient redevenus de fervents catholiques, ils accomplirent de point en point ce que l'abbé Étienne de Damenay leur avait dit de faire.

La foi ardente colore, enflamme, anime tout. Ce fut uniquement à elle qu'ils attribuèrent l'existence de ces rayons qui leur parurent sortir abondamment des doubles fragments de la vraie croix. Leurs domestiques ne purent, eux, retenir les acclamations de leur admiration frémissante; eux avaient vu, oui parfaitement vu, chacune des croix dont le volume était à peine celui d'une tête d'épingle, grandir dans des proportions colossales, tandis que de tous côtés ils parlaient d'un agneau blanc couché au centre des jets resplendissants, des éclairs lumineux, des gerbes éblouissantes; cela ne dura que pendant quelques secondes, mais ce fut assez pour inspirer à tous la confiance, et pour les armer du bouclier et de l'épée de diamant d'une invincible et irrésistible.

Un secret profond fut promis et gardé; nul ne douta plus de la victoire, chacun aurait désormais affronté mille morts, bravé le martyre, et ri des attaques impuissantes des esprits de l'abîme.

Le reste de la journée s'écoula dans un calme complet, on ne redoutait plus rien ; l'espérance s'était si brillamment établie au fond de chaque cœur. Les deux amis se déterminèrent à ne point perdre en superfluités mondaines, ce qui restait encore à s'écouler de la journée ; ils l'employèrent, Alfred d'abord, à écrire à son ancien gouverneur, pour lui accuser la réception du double trésor qu'il lui devait, ainsi que Damatien ; ensuite il aida celui-ci dans les préparatifs de leur départ.

Ce n'était pas une mince occupation ; ils se munirent, ainsi que leurs serviteurs fidèles, d'armes à l'épreuve, et de toutes façons, à feu, blanches, anciennes, modernes, quelque chose leur faisait craindre ce qu'ils n'eussent pas redouté en allant vers d'autres lieux, et une pharmacie portative ne fut pas oubliée; non plus que ce qui devenait indispensable en cas de meurtrissure, de foulure, de plaie grave et même dangereuse. La prudence préserve de la plupart des périls, et encore elle les simplifie lorsqu'ils sont survenus.

Les heures s'écoulèrent dans ces travaux d'intérieur, celle du coucher arriva comme les autres. Or, celle-là devait ramener la présence de la vision épouvantable. Alfred la voyait toujours venir avec un désespoir croissant; il n'avait pu s'y accoutumer, et l'affreux repas du monstre à ses dépens, lui semblait de plus en plus tourmentant.

Ce soir-là, vaincu, soit par la fatigue du corps, soit par le repos de l'âme, le marquis s'assoupit aussitôt qu'il eut posé la tête sur l'oreiller. Roquevel, moins heureux, découragé de plus en plus, demeura les yeux ouverts, le regard fixé vers la porte, attendant l'accomplissement du programme horrible, qui la nuit, entre autre, avait lieu, et auquel le vampire ne changeait rien, exact qu'il était et joyeux sans doute à en accomplir les moindres circonstances, car elles désespéraient un infortuné.

A une heure après minuit, et selon l'usage, un horloge fantastique qui pareil à celui, disait le souvenir de Roquevel, au château de Saissac lui avait annoncé les apparitions de l'*Homme de la Nuit*, tintait avec un son aigu, vibrant, qui fesait tressaillir les nerfs, grincer les dents et refluer le sang vers le cœur; ce signal accompli, Roquevel toujours entendait, n'importe à quelle distance de la rue qu'il se trouvât, un bruit de pas dans celle-ci, lent, mesuré, et se rapprochant en augmentant de volume.

La porte de la rue étant ouverte, le vampire la refermait avec fracas sans jamais éveiller autre que celui qu'il devait tourmenter, traversait la cour, montait l'escalier, parcourait les diverses salles... Arrivé à la chambre à coucher, il s'arrêtait, heurtait avec le doigt sur le battant, et qu'on lui répondît ou non, se fesait jour avec facilité, l'eut-on retenu par derrière avec des verroux, des barres de fer et tout autre moyen de résistance.... Cela fait il souriait avec une expression de joie diabolique. s'avançait vers le lit; là, se penchant, il comprimait d'une main tous les mouvements de la victime, de l'autre la découvrait; et puis, achevant de se baisser sur elle, ouvrait sa poitrine au moyen de ses ongles d'acier; et alors posant ses lèvres infectes et glacées sur la blessure, aspirait lentement le sang humain dont il se nourrissait.

Vision ou réalité, hallucination ou rêve, je le répète, ainsi se formulait cet atroce repas; après l'avoir terminé, le vampire reprenait la même route, et sa présence cruelle ne cessait qu'au moment où son pas cessait de se faire ouïr dans la rue.

Ce soir, aussitôt que l'oreille du malheureux Roquevel eut été frappée du bruit lointain qui lui annonçait la venue de l'ennemi constant de son repos, son cœur, douloureusement oppressé, se ferma à la douce satisfaction qu'il avait ressenti jusqu'alors. A quel adoucissement devait-il s'attendre, puisque ce monstre exécrable reparaissait aussi exact et sans doute également affamé; ce fut avec un accroissement de tortures qu'il le sentit approcher, son âme découragée fut même sur le point de négliger la prière qu'il adressait au ciel afin d'en obtenir un allégement quelconque à sa peine.

Les portes furent ouvertes et refermées successivement, l'escalier, les salons franchis, le fantôme entra, selon la coutume, dans la chambre d'Alfred, après avoir heurté; acte dérisoire qui ajoutait au désespoir du patient. Déjà il avait adressé à celui-ci son regard ironique et si méchant, déjà il s'avançait vers le lit, manifestant par ses gestes la malignité de sa joie et son impatience de se désaltérer dans son flanc.

Mais lorsqu'il fut parvenu à deux pas du lit il s'arrêta... hésita... fit un pas encore... s'arrêta... et Roquevel crut le voir balancer sur ce qu'il avait à faire, avancer ou prendre la fuite... Il se tint immobile, ses yeux flamboyant de rage; puis il porta son pied vers le lit et ne put le poser à terre, comme il voulait le faire; une force inconnue et toutefois invincible, lui interdisant d'approcher.

Vainement tenta-t-il à diverses reprises d'accomplir son dessein, il ne put. Roquevel, frappé de surprise, ne sachant encore ce qui allait se passer, redoublait la vivacité de sa prière, au moment où il commençait à comprendre la défaite de son oppresseur.. En effet, le vampire dominé par une puissance supérieure, repoussé incontinent de cet homme, sa proie jusqu'à cet instant allait, venait, tournait autour, sans parler toutefois, mais manifestant une fureur, une rage, qui épouvantaient celui sur qui il ne se précipitait plus.

Tout cela dura une heure entière, et lorsque la seconde eut sonné naturellement à l'horloge de Saint-Michel, Alfred qui de son côté ne faisait que remercier la Providence du secours inespéré qu'elle lui envoyait, fit partir de sa bague nouvelle un éclair flamboyant, qui se prolongea en lance de fer contre son méchant ennemi. Ce dernier poussa un cri rauque, sauvage, et disparut soudainement, changeant aussi son cérémonial accoutumé.

Libre sans un surcroît de tortures, Roquevel, dès la disparition de ce spectre qui chaque nuit, entre autre, venait le supplicier, se hâta de sortir de son lit, et se précipitant sur le parquet adressa au ciel et à la bague aussi, de vifs, de sincères remercîments.

Son allégresse était trop vive pour qu'il lui fût possible d'attendre jusqu'au lendemain la communication heureuse qui lui restait à faire au marquis son ami.

Avant de se recoucher, il se rapprocha de son ami, et lui prenant la main l'appela à plusieurs reprises. Alors le marquis se réveillant :

— Qu'est-ce, dit-il, avez-vous besoin de moi ? Jusqu'ici vos efforts pour me réveiller étaient inutiles.

— Tout a changé de face, répondit Roquevel, avec nos saints talismans, si l'ennemi n'est pas mis en fuite dès son premier abord, ses attaques sont pleinement rendues impuissantes ; je me flatte qu'en conséquence de ce qui vient de se passer mon châtiment, dorénavant consistera à le voir ; mais il ne m'approchera plus.

A la suite de ce début, Roquevel poursuivit et raconta, sans rien omettre, tant il mettait à tout de l'importance sur un sujet pareil. Le marquis partagea vivement, on le croira sans peine, le contentement de son ami; tous les deux l'attribuèrent à la bague et au reliquaire dont l'abbé Étienne de Damenay les avait munis. Redoublant leur confiance en ce trésor précieux, ils en espérèrent pour l'avenir une protection non moins puissante.

Le lendemain Roquevel, prêt à partir pour le château de son parent, alla faire à la vicomtesse de Norevelle sa visite d'adieu. Elle le reçut avec cette grâce dont on accueille l'homme préféré ; elle était seule, et dès que les premiers compliments eurent été échangés :

— Monsieur de Forguerolles, dit-elle, pourquoi ne vous ai-je pas vu hier ?

Cette question renfermait un reproche ; il le comprit, et se hâtant de répondre, tenta de se justifier en rejetant sur son travail préparatoire et relatif à son voyage du lendemain, l'obstacle qui l'avait détourné d'un devoir qui lui était si agréable.

— Vous fûtes néanmoins bien souhaité par moi, je vous assure, reprit-elle, car il me tardait de vous apprendre que le fantôme nocturne, acharné après mon repos, que le loup aux griffes d'acier, et dont la tête portait, je ne sais pourquoi, votre ressemblance, a cessé dans mon rêve et de s'abreuver de mon sang et de vous ressembler. Cette nuit dernière, il est entré dans ma chambre ; mais il ne s'est pas approché de moi ; et lorsque j'ai osé le regarder, je ne lui ai plus vu que le hideux museau dont la nature l'a revêtu.

— Quoi ! s'écria involontairement Roquevel, vous êtes encore sauvée !

— A quoi faites-vous allusion, monsieur?

Il allait répondre, et peut-être commettre une indiscrétion, lorsque madame de Rivelline arriva sans se faire annoncer. Elle courut à la vicomtesse, et, l'embrassant, se mit à dire :

— Vous êtes des nôtres, n'est-ce pas, ma chère amie? J'espère que vous me donnerez place dans votre voiture pour me conduire à Roquecourbe.

— Je le ferais avec plaisir, si...

— Oh! mon Dieu! je tiens si peu de place, que la mienne sera suffisante pour mon mari et moi. Il me sera fort nécessaire, ce bon M. de Rivelline; car, tandis que je porterai notre fils aîné, il tiendra le cadet sur ses genoux; si bien qu'il n'aura besoin que de garder près de lui ma femme de chambre, chargée de surveiller ma fille aînée, mon chien turc, ma perruche et mes deux délicieuses tourterelles de Barbarie, don de notre receveur-général. Nous les mettrons dans le filet, et mes onze cartons sous les siéges ou pendus au plafond. Cela nous empêchera bien de voir la campagne, mais je vous assure qu'elle ne vaut pas la peine d'être regardée. Le domestique de mon mari montera sur le siége du cocher, et deux paysans de ma terre de Tuchant s'arrangeront par-derrière avec vos gens. Vous voudrez bien, outre une malle et une vache, me donner un coin de la vôtre pour y glisser une foule d'objets embarrassants.

Pendant que madame de Rivelline parlait avec rapidité, Roquevel admirait l'incroyable égoïsme d'une femme qui, riche, s'emparait pour elle et les siens d'une voiture qu'on ne lui avait pas offerte. Quant à la vicomtesse, elle attendit que ce flux de paroles eût pris fin, et alors répondant :

— Je suis au désespoir, madame, de n'avoir pas deux voitures, afin d'en mettre une entière à votre disposition. Dans celle dont je me sers je ne pourrai, malgré mon vif désir de vous obliger, recevoir que vous seule, et seule encore, sans aucun attirail étranger. Elle ne contient que quatre places : je vous en cède une, la seconde me revient, et j'ai promis les deux autres au chevalier de Serol et au marquis de Badens.

— Mais, ma chère, en se serrant un peu...

— L'on ne parviendrait pas, je vous assure, à y caser convenablement, ni tout M. de Rivelline, ni mademoiselle votre fille, ni vos deux petits garçons, leur gouvernante, votre valet de chambre, vos deux paysans, un chien, un perroquet et deux tourterelles, une seconde malle, une autre vache et onze cartons.

— Il faudra donc que je loue une voiture ?

— Je le crains.

— Mais vous, M. de Forguerolles, dit madame de Rivelline, ne pourriez-vous prendre mon mari ?

— Je ne le peux; nous avons déjà offert, et avec grande joie, ma chaise de poste à MM. Charles Romanet et Scipion des Herbiers, mon ami et moi voulant aller à cheval.

— En vérité, M. de Roquecourbe avait bien besoin de nous inviter.... Je vous quitte; je vais voir si je ne trouverai point quelque personne complaisante qui veuille se charger de mon petit bagage.

— Petit bagage! disait la dame : sept personnes humaines, sans compter les bêtes et le reste. Elle cependant continuait, et cette fois, s'adressant à Roquevel, lui demanda de lui donner le bras pour la conduire dans une maison voisine; il pleuvait, et elle ne savait pas porter un parapluie. Le jeune Parisien, qui cragnait dans ce moment les questions de madame de Norevelle, accepta précipitamment la faveur qu'en toute autre occasion il aurait déclinée avec non moins de vivacité. Il partit donc, échappant ainsi à une explication dangereuse ; mais sa galanterie se borna à déposer la dame indiscrète au lieu où elle se rendait. Là, après lui avoir fait un salut respectueux, il la quitta brusquement, sans lui laisser le loisir de l'engager à lui servir de sigisbé pendant le reste de la journée, ainsi qu'elle en avait le projet.

Alfred, de retour chez lui, se hâta de faire part de ce que la vicomtesse lui avait conté touchant les visites nocturnes et sanglantes du vampire ; car quel autre nom donner à ce génie infernal. Les deux amis se réjouissaient ensemble de l'heureux secours que le saint prêtre Étienne de Damenay leur avait prêté. Sur ces entrefaites, Clare ouvrit brusquement la porte du salon, et annonça M. de Rivelline.

Jamais nom, jamais visite moins attendue, n'auraient pu venir contrarier le marquis et

Roquevel. Si madame de Rivelline, malgré ses trente-quatre ans, tenait quelque rang dans la société, ce qu'elle devait à une beauté peu commune et merveilleusement conservée. Son mari n'avait jamais compté parmi ceux auxquels on fait attention : il était, au contraire, l'une des parties de cette masse compacte, nivelée, obscure, insignifiante, qui forme le gros du monde ; portions malencontreuses, qu'on voit sans s'en occuper, qui parlent sans qu'on les écoutent, qui entrent sans faire sensation, et qui sortent sans occasioner le moindre regret.

M. de Rivelline, roturier riche, et devenu noble par la grâce de la première révolution, qui a permis au premier pleutre venu de se donner le rang qu'il a désiré, était petit, prodigieusement gros, sans grâce, forme ni tournure ; deux jambes d'éléphant supportaient un tonneau en manière de ventre, sur lequel, en supprimant le col comme superfluité banale, la nature avait attaché une tête toute ronde, sans front, il est vrai, mais avec les plus longues oreilles, la bouche la mieux fendue, et des yeux gris, fauves, pleureurs, percés on aurait dit au moyen d'une vrille; des bras courts aussi; peu de sens, point d'esprit, mais, en revanche, une avarice harpagonienne, un entêtement sans mesure et une suffisance à l'avenant. Il se croyait, pour le prouver, adoré de sa femme, étant d'ailleurs persuadé de sa vertu.

Ennuyeux, bavard, indiscret, familier, orgueilleux, le sieur de Rivelline, aujourd'hui tout près d'être.... député; fatiguait, impatientait, assommait, ces bons hommes, souffre-douleurs d'un salon, qui ne savent ni refuser leur bras à une vieille femme; ni se dispenser d'ouïr les récits d'un sot; ni de s'attabler pour perdre à une bouillote dont ils ont horreur;

enfin de ne pas danser avec la fille à marier de quarante ans.

M. de Rivelline, que les deux amis se contentaient de saluer silencieusement en maison tierce, entra chez eux la bouche riante, le visage doublement bouffi de jubilation; et, tendant à l'un et à l'autre une main noire, calleuse, horriblement crochue et ramassée, s'écria :

— Bravo! mes chers amis, voilà comme j'aime des offres sans façon! Vous m'avez fait dire par un ami de la société, que demain vous me donniez place dans votre voiture. J'accepte très volontiers. Or donc, à l'heure indiquée, vous voudrez bien venir me prendre. Je serai prêt, avec ma fille aînée, la nourrice et le cadet. Mes deux métayers, qui partiront avec nous, apporteront aussi une vache, deux malles et six cartons....

—Monsieur, repartit Roquevel avec sang-froid, tandis que Damatien, ouvrant les yeux et ne pouvant comprendre le sens de ce flux de paroles, néanmoins très significatives, retenait à grand'peine un rire fou. Monsieur, il y a erreur manifeste. J'ai eu la douleur de refuser à madame de Rivelline la place étendue qu'elle réclamait pour vous; ainsi je n'ai pu la lui promettre, notre chaise de poste étant au grand complet. Mais, depuis même cette rencontre, notre cocher nous ayant appris que des réparations à cette même chaise étaient d'une absolue et prompte nécessité, nous venons, M. le marquis de Montare et moi, de décider que nous ferions le voyage à cheval.

— Et alors comment le ferai-je? se mit à dire le gros bonhomme, avec un dépit comique saturé de douleur réelle.

— Mais comme nous, apparemment, répliqua le même.

— Cela me coûtera extrêmement cher, tandis que peu vous importe que vous deux...

— Nous prenions sur nous votre dépense? Grand merci monsieur, du choix que vous faites de nos bourses pour épargner la vôtre !

— Cependant, vous aviez dit à ma femme...

— Que nous ne nous chargerions pas de vous.

— Oui, c'est vrai; mais vous avez ajouté que M. Charles Romane et M. Scipion Desherbes venaient avec vous ; et comme ce sont des célibataires, j'avais pensé qu'ils se récuseraient devant un pauvre père de famille.

Ces derniers mots furent prononcés avec un accent si piteux, si en rapport à celui des pauvres mendiant à la porte d'une église, que Roquevelle, toujours impitoyable, repartit :

— Vous n'y songez pas, monsieur ; tous les deux sont, au contraire, peu riches : les emplois que par vertu ils ont accepté, le prouvent. Et vous, à qui on connaît assez de propriétés foncières pour payer un impôt de près de neuf mille francs, sans compter les fonds que vous faites valoir, moins en public, vous vous direz un pauvre père de famille!

— C'est bon, messieurs, c'est bon... Refusez-moi; manquez, par cette désobligeance, à toute une ville que vous offensez dans la personne de l'un de ses habitants... On me l'avait bien dit, et je ne l'avais pas voulu croire, que carbonari dans l'âme....

— Sortez, monsieur, dit gravement le marquis, et rappelez-vous que nous n'avons jamais été chez vous et que nous ne vous avons pas ouvert notre maison.

Le gros Rivelline, sans oser répliquer, se retira d'un pas non moins preste que celui qui l'avait amené; et lorsqu'on ne put plus l'ouïr, il dit:

— Ces Parisiens sont tous des espions!...

XIII

Les deux amis avaient, en effet, renoncé à se servir d'une voiture qu'ils avaient louée depuis leur arrivée à Carcassonne, lorsqu'ils eurent appris que MM. Romanet et des Herbiers, qu'ils devaient mener, ne pouvaient partir que trois jours plus tard; eux, curieux de rejoindre sir Olivier Hamelstonn et le comte de Roquecourbe avant le reste de la société, n'avaient pas offert de retarder, et s'étaient alors décidés à se mettre en route sur les excellents chevaux qui les avaient conduits depuis Paris.

Ils firent partir, dès la veille, quatre de leurs gens, quatre autres les suivirent le lendemain de leur sortie de Carcassonne, et eux se mirent en route, n'ayant pour toute escorte momentanée, que Clare et John. S'inquiétant peu de la colère impolie de l'avare et mal élevé Rivelline, ils ne revinrent pas sur leur détermination.

Le jour suivant et l'aube, à peine levée, ils montèrent à cheval avec leurs deux serviteurs et sortant de la ville basse, s'acheminèrent vers la cité; ils traversèrent l'Aude, sur un point sans élégance, et qui, certes, a besoin d'être refait, et longeant dans toute sa longueur le faubourg de la Trivalle, montèrent le grand chemin neuf; arrivés à la porte de ville si pittoresque, dans la forme du moyen-âge, avec ses deux tours taillées en pointes de diamants, sa statuette de la Vierge dans sa niche et flanquée à droite, mais sur un poteau avancé, par un buste, en demi-relief, travail du seizième siècle, et auquel l'ignorance prête une haute antiquité; ils s'arrêtèrent pour examiner des tours romaines et des tours wisigotes qui sont voisines.

Cela fait, ils pénétrèrent dans cette cite déserte, où de rares et pauvres habitants logent dans les maisons ornées des blasons féodaux de leurs anciens propriétaires; ils laissèrent à leur droite le vaste puits si fameux, dans lequel Alaric aurait précipité ses trésors enlevés au sac de Rome, et parvenus sur la place de l'église, mirent pied à terre et pénétrèrent dans l'antique cathédrale, gracieux édifice des temps disgothiques; merveille mignone, svelte et coquette, admirablement conservée dans son intérieur, sauf que pour placer des tableaux modernes on a, non détruit, mais caché des tombeaux d'évêques et d'autres monuments du moyen-âge.

Le digne curé de la cité attendait les Parisiens, et à peine eût-il su qu'ils étaient dans l'église, que lui-même y entra de la sacristie couvert des ornements sacerdotaux, et dit soudainement la messe des voyageurs; elle fut entendue dévotieusement par les quatre auditeurs; le Marquis et Roquevel firent un nouveau don digne de leur richesse. Cela fait, et sans plus s'attarder, ils remontèrent à cheval, et munis d'un guide qui les précédait à distance, s'enfoncèrent, vers sept heures du matin, dans les chemins communaux et mal entretenus, qui se dirigent vers les crêtes dentelées de la montagne voisine dite des *Corbières*. Ce sont les appendices des Pyrénées géantes qui étalent par-dessus leurs têtes neigeuses; le peu de hauteur de ces montagnes de second âge ne permet pas à la glace ni à la neige d'y séjourner pendant toute l'année ; blanchie durant des jours ou des semaines, quand l'hiver est rigoureux. Elles restent dans le beau temps couvertes de mousse, de buissons, de forêts, là où la destruction imprévoyante de l'homme ne s'est pas étendue.

C'est un tableau de désolation, de sécheresse et de misère, que les cîmes, les croupes, les pentes et les vallons intérieurs des Corbières ; de rares manoirs, des hameaux, plus rares encore, apparaissent çà et là; de toutes parts, l'œil glisse avec chagrin sur des espaces immenses sans culture, sans verdure, agrestes, sans ombrages surtout. Des rochers superposés les uns sur les autres; là, isolés, serrés, unis en groupe, plus loin, renversés à demi par la main puissante du temps, ou minés par des sources filtrantes et des plantes parasites; d'immenses sablonnières, des pentes sèches et raides, des croupes géantes et décharnées, une terre infertile, friable, variée en ses couleurs. De çà, de là, des bouquets d'arbres chétifs, mal-nourris, sans vigueur, aux rameaux tordus, capricieusement recourbés ; un lambeau de prairie qu'un ruisseau, maigre filet d'eau, enceint dans ses bras ; voilà l'aspect du pays, voilà ce qui frappe le voyageur observateur, à mesure qu'il avance dans les Corbières.

Les aspects y sont sans majesté et sans sublimité. Cette terre calcinée, aride, mesquine et sèche, semble être abandonnée de la Providence ; lorsque du fond d'un sentier étroit et sans vue on lève la tête vers le ciel, et qu'ensuite on la reporte sur les alentours, l'imagination s'assombrit, le cœur se serre, on se croit dans l'une des avenues de l'enfer, et on s'attend si bien à une apparition diabolique, que lorsqu'elle ne se montre point, et cela très-souvent, on s'étonne de la paresse des démons, qui ne viennent pas défendre les avant-postes de leur véritable domaine.

Certes, avec combien plus de dispositions positives à la mélancolie et à la superstition, durent se montrer errants au sein de ces Corbières le marquis Damatien de Montare et Alfred Roquevel, ce dernier si impatient à la sortie de ce pays de se parer du titre véritablement féodal de vicomte. L'un et l'autre, depuis qu'ils avaient quitté la plaine pour cheminer dans les gorges abruptes de cette montagne, semblaient être sous le poids d'une tristesse pesante, et muette surtout, qui leur ôtait la parole.

Chacun cheminait à part, éloigné à distance de son camarade perdu dans ses réflexions, rêvant au présent, regrettant l'emploi du passé et jetant vers l'avenir un regard empreint de défiance, de terreur, et néanmoins de courage. L'un, parfois arrêtait son cheval, et se dressant sur l'étrier comme si cela eût pu ajouter d'étendue à ces âpres paysages, il regardait tristement autour de soi.

L'autre, non moins apathique et rêveur, lâchait la bride à son coursier qui, profitant de son indépendance, broutait les herbes rares et croissant du milieu du sable ou de dessous un tas de cailloux roulés là par l'effort des eaux impétueuses à des époques primitives ou bien reculées. Tout, dans les montagnes, conserve en soi la preuve de ce déluge fameux, de ce déluge universel dont chaque nation, quelle que soit son ignorance, a conservé le souvenir dans les fastes de son histoire ancienne.

Roquevel, lassé le premier de cet *à parte* volontaire, et désirant y mettre fin, se rappela qu'à Paris, dans les salons où il primait, on vantait sa voix fraîche et pure. Alors, cédant à une fantaisie dont il ne se rendait pas compte, il se mit à chanter le nocturne que voici, et qu'il retrouva heureusement dans son souvenir :

LE SOMMEIL DE LA FÉE [*].

CHOEUR DES SYLPHES.

Alcine dort sur la fougère
Au pied d'un lilas parfumé ;
Cessez votre ronde légère,
Sylphes, son peuple bien aimé.

CORYPHÉE.

Comme elle ici que tout repose,
Enfants de la Nuit et de l'Air ;
Autour de ce berceau de rose,
Passez plus vite que l'éclair,
Zéphyrs dont le souffle balance
Les gazons aux vives couleurs ;
Doux rossignols, faites silence,
Alcine dort parmi les fleurs.

CHOEUR.

Au calme du bois solitaire,
Par un charme ajoutons encor
Qu'un chant d'amour et de mystère.
Berce la fée aux cheveux d'or.

[*] Paroles de MM. de Lormian et de Langon.

CORYPHÉE.

Elle dort la reine des belles,
Qu'un songe aussi doux qu'un beau jour,
La couvrant de ses blanches ailes,
L'enivre en lui parlant d'amour ;
Et du palais de Sylphirie
Qui flotte en ce nuage noir,
Lui montre l'image chérie
Au fond d'un magique miroir.

CHOEUR.

Paix! paix! taisez-vous, sombre orage;
Foudre, dors au nuage épais ;
Aquilons, cessez votre rage,
Que dans les cieux règne la paix.

CORYPHÉE.

C'est elle qui dit à l'Aurore
De monter sur son char vermeil,
Elle dont la voix fait éclore
Les rêves d'un riant sommeil.
Le désert en frais Élysée
Soudain se change à ses accents,
Quand les perles de la rosée
Tremblent sur les boutons naissants.

CHOEUR.

Lutins, follets, troupe frivole,
Sur ces myrthes reposez-vous ;
Que seule la colombe vole
Pour rafraîchir l'air pur et doux.

CORYPHÉE.

Si l'horrible et prompte tourmente
Enveloppe les matelots,
Un signe de sa main charmante
Chasse les vents, calme les flots,
Seule elle appaise la souffrance
D'un cœur pur l'amour agité ;
Car son sourire est l'espérance,
Et son regard la volupté.

CHOEUR.

Ne vibre plus, lire sonore;
Taisez-vous, ô magiques vers!
Alcine veut dormir encore,
Silence et paix dans l'univers.

Le marquis de Talmare, surpris de la fantaisie de Roquevel qui marchait en avant, et ne voulant pas l'en distraire, avait ralenti le pas de son magnifique et léger andalous, et d'un geste s'était opposé à ce que le jockey irlandais courût sur les pas de son maître. Celui-ci, tout occupé de son chant, avait atteint la cime d'un mamelon sur lequel montait le chemin sinueux et disparut lentement sur le revers de la colline.

A peine de ce côté était-il perdu de vue par ceux qui l'accompagnaient, que vers une mâsure élevée à peu de distance de la route, il entendit les sons d'une harpe répéter, note pour note, le chant qu'il achevait. Qu'on juge de sa surprise. S'il avait emprunté ces paroles à deux littérateurs connus, qui les avaient composées ensemble, MM. de Lormian et de Langon, lui du moins en avait fait la musique, et par caprice d'amateur s'était obstiné de n'en laisser prendre copie. Cependant, je le répète, une harpe modulait non loin de lui des sons qui lui étaient si bien connus.

Désireux d'éclaircir ce mystère bien propre à piquer sa curiosité, il pressa le pas de *miss Bethsy*, sa jument anglaise, célèbre dans les fastes du *Sportman* et du *Jockey-Club*, jeunes alors en France ; et arriva au pied du manoir délabré. C'était dans sa masse complète une tour décapitée en 1792 sans doute, ce qu'annonçait l'inégalité des assises de pierre de la cime et les débris amoncelés à sa base. Elle servait d'entrée à un bâtiment carré, vaste et pareillement en un état complet de désolation.

Il vit à la porte de la tour privée de ses battants, dont quelques planches pourries existaient encore, un anneau de fer dont il comprit l'usage, auquel il crut se soumettre en y attachant *miss Bethsy* après avoir mis pied à terre. Cela fait, il passa sous la voûte, et là s'arrêtant, car il entendait la musique, il éleva la voix, appelant les habitants de ce lieu désolé...

On ne répondit pas. Il avança jusqu'à l'entrée d'une salle à voûte basse, large, longue, et pauvrement éclairée par une fenêtre. En regardant au dehors par celle-ci, il aperçut au haut de la colline, le marquis, Clare et John, qui ne le voyant pas sans doute, se désignaient mutuellement la mâsure; et se remettant en route, semblaient déterminés à se diriger vers elle.

Roquevel, certain d'être bientôt réuni à ses amis et entendant toujours la harpe qui exécutait l'air de son nocturne, jugea que la personne qui en jouait devait se trouver à un premier étage, où l'on parvenait au moyen d'un escalier dont on voyait les premières marches inférieures au bout d'un corridor ouvert vis-à-vis. Roquel traversa la salle; mais au moment où il atteignait l'escalier, une trappe à bascule joua sous lui. Il glissa et tomba rapidement dans une chambre inférieure sur un tas de feuillage et de paille, mis là certainement afin d'adoucir la violence du contre-coup.

La nouvelle salle où il était descendu contre sa volonté était petite, ronde, sans meubles et sans issue apparente; car au-dessus de lui la trappe était si bien adaptée à la voûte, que lui-même, qui à bonne raison en connaissait l'existence, ne pouvait même plus en reconnaître l'emplacement. Étourdi d'abord de sa chute, il demeurait couché sur le lit improvisé qui l'avait préservé d'une plus rude. Il s'en releva brusquement et s'en éloigna dans la crainte bien naturelle que Damatien, Clare ou John, qui allaient entrer au même lieu, ne chutassent au travers de la même trappe.

Cependant il se demandait de quel dessein il était la victime : était-ce un piège tendu à lui positivement par son ennemi, ou des voleurs l'avaient-il dressé pour y prendre les voyageurs imprudents? Non, ceci n'était pas la cause véritable de sa chute. Elle ne devait être attribuée qu'à sir Olivier. Quel autre aurait pu faire exécuter par une harpe, en pareil lieu, la musique d'un air que personne ne possédait, hors son auteur.

Une lampe suspendue à la voûte éclairait

cette chambre. La clarté permit à Roquevel d'examiner l'endroit; il y chercha vainement cette issue que son premier examen ne lui avait pas montré. Comment en sortirait-il? Une pensée horrible lui vint : condamné à périr de besoin et lentement! On ne s'était attaché qu'à trouver le moyen de le faire prendre au piège; et par un raffinement incroyable de méchanceté on avait voulu, en lui procurant de la lumière, lui fournir les moyens de se voir mourir dans toutes les angoisses du désespoir.

Tout à coup un bruit sourd parvint à ses oreilles; on marchait dans la salle au-dessus de sa tête. Assurément ce devait être son ami et ses deux serviteurs qui le cherchaient... A peine allait-il crier pour tâcher de se faire entendre, que la trappe fit la bascule une seconde fois et livra passage non à ceux qu'il attendait, mais à un énorme chien de Terre-Neuve, qui tomba et demeura immobile et comme sans vie : sa tête devait avoir porté sur la pierre du plancher.

Des cris alors s'élevèrent dans la chambre supérieure ; et dans le temps que Roquevel, grand amateur des chiens, oubliait presque sa situation en secourant celui-là ; il vit un rayon de jour pénétrer dans sa prison. Il releva la tête, et regardant la trappe, il la vit entr'ouverte par l'effet d'une forte pression, en même temps la voix du marquis, couché ventre à terre, parvint à lui en l'appelant.

— Oui, mon ami, repartit Roquevel ; oui, je suis tombé le premier sous ce piège maudit, et après moi une pauvre bête moins heureuse, car elle est expirée ou à peu près.

— Tu lui devras ta délivrance ; car c'est en la voyant s'engouffrer dans la terre que nous avons deviné où tu pouvais être. Un misérable drôle que nous venons de faire prisonnier nous disait... mais à plus tard l'explication. A combien de pieds la trappe est-elle du sol où tu es ?

— De douze environ.

— Bon. Tu sais que parmi les provisions que porte notre mulet de bagages, il y a une échelle de soie qui a soixante-dix pieds de haut, car nous avons bien fait de nous prémunir de tous les moyens possibles de sortie lorsque nous allons au château de Roquecourbe ; John va la chercher. Toi, patiente.

— Mais, reprit Alfred, je ne peux abandonner l'honnête animal qui m'a sauvé. Jette un manteau pour que je l'enveloppe dedans, et de la corde afin de l'y attacher.

Quelques minutes après, pendant lesquelles le marquis et Clare défirent la trappe en disjoignant les planches qui la formaient, on jeta à Roquevel ce qu'il avait demandé. Il commença par accommoder le chien, qui, faible encore et toujours étourdi, n'opposa aucune résistance ; puis, à l'aide de deux grosses cordes, on le hissa jusqu'à la salle d'en haut.

Le biais de la trappe avait laissé pénétrer une vive clarté dans le cachot souterrain : elle permit à Roquevel d'apercevoir sur un côté de muraille, où la lumière du jour frappait plus particulièrement, des caractères qui paraissaient former une inscription suivie. Il s'en approcha et lut en frémissant ces mots :

A

ALFRED DE ROQUEVEL,

MORT DE FAIM

ICI,

DANS SA VINGT-CINQUIÈME ANNÉE,

SIR EDGARD, BARONNET D'HERTFORT.

Par-dessous, on avait gravé des ossements en sautoir, surmontés de têtes de mort. Celui qui venait de lire cette inscription menaçante et si barbare sentit une sueur glacée se répandre dans tout son corps, en même temps il se rapprocha vivement de l'échelle de soie que l'on venait de lui jeter, et malgré le tremblement convulsif, fruit du péril couru et de la délivrance inespérée qui le suivait, il s'efforça de le vaincre et se mit à grimper non sans difficulté.

A peine eut-il touché la terre, que par un mouvement brusque il s'éloigna promptement du trou dont il sortait, et sans s'arrêter, sans rien dire à ses libérateurs, il s'éloigna après avoir avec précaution traversé la salle, le passage de la tour et s'être vu en dehors de ce manoir funeste, en pleins champs et auprès de son cheval chéri.

Le marquis et John, qui portait avec peine l'énorme chien encore emmailloté, mais revenu à sa pleine connaissance, et Clare, dont la forte main tenait après lui un jeune berger de mauvaise mine, tous trois enfin le suivirent, partagés entre un vif besoin de rire et la compassion que leur faisait éprouver le sentiment naturel qu'il manifestait.

— Maintenant, messieurs, demanda Clare à ses maîtres, que ferons-nous de ce brigand novice? Monsieur, poursuivit-il en se tournant vers Roquevel occupé à rendre à la liberté le chien, son libérateur; imaginez-vous que, parvenus tous trois au sommet de la colline, et ne vous apercevant plus, nous nous sommes dirigés convenablement vers cette méchante barraque, passez-moi le mot, où nous avons pensé que vous étiez entré; M. le marquis à notre tête était déjà parvenu, en traversant le corridor de la tour, au commencement de la salle basse, lorsque ce vaurien est venu à lui du côté de l'escalier; il lui a demandé ce qu'il voulait, et sur la réponse de M. le marquis, il a répliqué que vous ayant indiqué un sentier abrégeant la route et qui s'enfonçait parmi des rochers au derrière de la tour, vous vous y étiez lancé. Comme rien ne nous portait à le croire fourbe, ce vil scélérat, et comme déjà il avait amené *miss Bethsy*, la bonne et loyale bête, de l'autre côté du corps de logis, nous nous retirions, lorsque cet honnête chien, que nous avons vu pour la première fois, est entré du dehors dans la salle, l'a parcourue et est tombé dans la trappe, d'où tout à coup votre voix s'est élevée. Ce mécréant a tenté de prendre la fuite; arrêté, lié, un peu bousculé, il a prétendu qu'on l'avait placé depuis quatre jours dans cette mâsure abandonnée, et qu'au moyen d'une manivelle il faisait jouer un orgue dont les sons imitaient une harpe. A l'entendre, il n'en sait pas davantage, et il allait partir pour Perpignan dès qu'il nous aurait congédiés, après avoir affermi solidement la trappe de manière à ce qu'elle ne fît plus la culbute; dans sa juste frayeur il nous a fait retrouver *miss Bethsy*. Et maintenant qu'allons-nous en faire ? Le pendre serait légitime, mais la justice est si bête...

Roquevel tenta vainement ce que Damatien avait essayé avant lui. Le vil paysan soutint qu'il ne savait autre chose que ce qu'il avait dit; et dans le portrait des deux hommes qui s'étaient mis en rapport avec lui, rien n'indiqua ni sir Olivier, ni le comte de Roquecourbe. On laissa partir ce misérable, malgré le désir de Clare et de John qui voulaient le punir de sa scélératesse.

XV

La prudence bien réfléchie aurait dû détourner les deux amis du but de leur voyage; elle leur enjoignait naturellement de rebrousser chemin, de rentrer à Carcassonne, et de poursuivre le long de la Méditerrannée leur course aventureuse; mais il est rare que l'on cède à la voix de la sagesse; une manie folle porte les jeunes gens à lutter contre les périls.

La gloire, à les entendre, est de les défier, de les attaquer face à face, et il y a lâcheté là où l'on évite le danger.

Le marquis de Montare, à la sortie de la tour abandonnée, arrêta tout à coup son beau Fabius et dit à Roquevel.

— Que te semble, irons-nous au château de ton parent ou du mien, et ce, pour nous trouver en face d'un homme qui muni d'un grand art d'escamotage tout au moins, si ce n'est mieux, t'a déclaré une guerre mortelle! Mon ami, à quoi bon affronter la colère de ce méchant homme? Croyez-moi, retournons à Paris.

— Y songes-tu, Damatien? moi rentrer dans la grande ville comme j'en suis parti. Ta position est faite, tu peux suivre l'ascendance de tes aïeux jusques à 1033, et fier de cette belle généalogie, dorénavant tu en conserveras les avantages; moi, au contraire, je suis sur la brêche : parti roturier et très roturier de Paris, je veux y reparaître seul héritier direct et légitime de l'antique maison de Roquecourbe, si fameuse dans les deux Languedoc, bas et haut, le Roussillon, le comté de Foix, l'Albigeois, le Carcassais; or, pour cela, je dois aller au château de Roquecourbe. Le comte de ce nom, seul de notre race à part moi, a mis au prix de cette complaisance ma reconnaissance solennelle comme son héritier. Je tiens peu à sa fortune, la mienne est suffisante; mais je paierais au poids de l'or ses archives et son blason.

— Mais ne vois-tu pas la liaison de ce malin bossu avec ton ennemi capital.

— Lorsque j'aurai instruit le comte de ce qui s'est passé, tu verras si ce sera moi dont il fera le sacrifice à ce charlatan, ou bien à ce magnétiseur.

— Que penses-tu de ton aventure de tout à l'heure.

— Elle est très bizarre, j'en conviens, fort menaçante peut-être..... Mais au fond, que m'importe, je m'en suis bien tiré, grâce à ce noble et magnifique animal, et j'espère, par lui encore ou par autrui..... Que vois-je, me trompais-je?..... John, mets pied à terre et lit l'inscription gravée sur le collier de ce chien...

Ce fut pour la première fois, tant les événements derniers avaient attiré l'attention des valets et des maîtres, que les uns et les autres s'aperçurent que le gros et magnifique chien de Terre-Neuve portait un collier de grand prix. Cet animal, qui par sa stature dépassait la taille des plus énormes chiens de son espèce, avait le pelage blanc pommelé de larges taches noires ou jaunes foncé ; les soies étaient longues et luisantes, les oreilles larges et pendantes, une queue forte et panachée, des membres vigoureusement taillés, une bouche vaste garnie de dents blanches, des yeux véritables miroirs et qui lançaient des étincelles; tout en lui annonçait le courage, la force et en même temps la douceur et l'affection. Si reconnaissant des soins particuliers que Roquevel d'abord, puis le marquis et les deux autres lui avaient rendu, il allait de l'un à l'autre, les caressant, léchant et attachant sans cesse sur eux des regards remplis d'amitié et d'intelligence.

Il portait à son col, gros et musculeux, un collier d'argent orné de deux rangs de perles d'or et de quatre escarboucles d'un grand prix; de plus, à distance égale, les deux écussons ciselés et émaillés selon les règles du blason, des familles de Montare et de Roquecourbe; et enfin on y lisait l'inscription suivante : *Roland appartient à messieurs Albert vicomte de Roquecourbe et à Damatien marquis de Montare, les deux amis.*

— Roland! Roland! dirent à la fois les deux maîtres; et le bel animal, poussant un gémissement douloureux, demeura comme immobile.

— Roland! dit alors Roquevel seul, et Roland sauta presque assez haut pour franchir *miss Bethsy* en caressant de sa langue vermeille.

— A moi Roland! s'écria à son tour Damatien, et ce fut le même empressement à venir et à faire les mêmes fêtes. Appelé tour à tour par Clare et par John, il fit aussi amicalement leur connaissance, et au bout de deux heures il avait également lié une vive amitié avec l'Arabe *Fabius* et l'Andalouse *miss Bethsy*.

—Allons, allons, dit Roquevel; allons, ami Damatien, en route; acceptons ce cadeau d'un inconnu; ainsi donc, on veille sur nous; mais qui? mais de quelle manière?

— Ne le devines-tu pas, Albert, répondit Montaré.

— Moi, non. Qui est-ce? Toi, le sais-tu?

Fabius venait de faire un écart si violent et si peu naturel que son maître ressentit en son cœur comme un contre-coup qui l'avertissait de ne rien dire; il se rappela d'ailleurs l'avertissement que, dans le château de Saissac, lui avait donné le religieux et pénitent Arnould. Jusques à ce moment, ce personnage extraordinaire ne lui était plus apparu et même semblait l'avoir abandonné dès qu'il n'avait pas pris la figure du comte de Roquecourbe.

Damatien ne doutait pas, lorsque ce dernier s'était présenté à lui, qu'il ne l'eût trompé en se donnant pour le fantôme repentant, tandis qu'au contraire, il était positivement le maudit Bozon; il fallait donc prendre garde et se méfier de celui-ci ou du comte de Roquecourbe, son émissaire, si toutefois il n'était pas sa victime. Damatien reconnaissait l'attention vigilante de son protecteur mystérieux dans l'intervention du chien Roland. Assurément c'était Arnould qui, pour déjouer les actes criminels de son adversaire, avait conduit tout exprès, dans les mâsures de la tour, cette bête courageuse, vigilante et dévouée.

Déterminé donc à ne rien dire de ce qui pourrait lever le voile sous lequel Arnould se cachait, il répondit à Roquevel lorsque celui-ci, pour la deuxième fois, lui demandait s'il savait qui pouvait avoir envoyé si à propos Roland à son secours, qu'il s'était trompé au sens de ses paroles, lesquelles étaient simplement un commencement de question et non pas la locution du problème qui a cette heure exerçait leur intelligence.

— Dans ce cas, nous ignorons encore à

qui nous devons le secours de ce bon chien, dit Roquevel, en fesant à Roland un autre geste de caresse. Cependant, ne nous arrêtons pas, nous avons perdu un temps énorme, et je doute que nous atteignions avant la nuit le château de Roquecourbe.

— Mais à propos, dit Clare à son tour, qu'est devenu le guide que nous avions pris?

— Ne nous a-t-il pas, Clare, demandé la permission de nous devancer, lorsque nous avons quitté le chemin pour aller à la quête de mon maître, demanda John à son camarade.

— Oui, certes, répondit Clare, il m'a dit qu'ayant à parler à quelqu'un, nous n'avions qu'à suivre la route jusqu'au premier cabaret, situé à notre droite, où il nous attendrait.

— Dans ce cas, poussons audit lieu, reprit Damatien, et espérons un bon succès de notre voyage, puisque nous avons si bien terminé le premier incident que nos ennemis ont fait éclore sur notre passage.

La cavalcade cessa l'entretien, elle pénétra plus avant dans les Corbières, et bien qu'elle suivît un grand chemin, elle n'en trouva pas moins triste et solitaire le paysage mélancolique s'étendant à l'entour. A droite et à gauche étaient des roches nues, jaunâtres ou noires, grises parfois, et rarement cultivées; des mousses presque flétries, des herbes maladives ou séchées par l'ardeur du soleil, des buissons peu élevés, aux branchages tordus, en formaient la sombre végétation.

Les eaux, si abondantes dans les Pyrénées, et faciles à trouver dans la montagne noire, étaient rares et en maigres filets dans les Corbières, à peine si sur leurs bords s'élevaient dans les ravins, des saules, des peupliers de France et quelques platanes communs; sur les croupes, une cascade creusait les roches et n'y arrosait que du buis, dont les racines y retenaient un peu de terre végétale; la nature semblait morte dans ce désert mélancolique, dont la paix était troublée ou par le cri de la cigale ou de certains oiseaux isolés.

De loin en loin, on rencontrait un pâtre, qui, seul avec son troupeau, errait tranquillement sur le penchant des monticules, où, appuyé sur un bâton ferré en pointe aigue par un bout, et à forme large et amincie de l'autre, il regardait les voyageurs et les saluait en disant : *Bonjour messieurs et la compagnie*, fût-on seul; aussi la phrase restait la même avec la seule variante du pluriel au singulier; car pour ces mots bizarres *et la compagnie* adressés à un particulier isolé, il entendait et le bon ange gardien envers lequel il faut montrer de la révérence, et son antagoniste, le démon, chargé du soin de détruire son influence, et dont il faut éviter de se faire un ennemi.

Parfois un coup de fusil se fait entendre, une fumée légère s'élève entre deux mamelons, un chien aboie, et bientôt, sautant de pierre en pierre pour franchir le torrent desséché, apparaît un chasseur ; presque toujours braconnier de profession, ou un garde-champêtre qui fait le braconnier, afin, sans doute, de ne pas s'engourdir la main.

Des voyageurs rares, à pied ou à cheval, des charretiers paysans conduisant à Carcassonne le produit de leur métairie ; ou des rouliers chargés du transport insignifiant du peu de commerce qui se fait à La Grasse, ou dans quelques communes populeuses des alentours; un ou deux propriétaires, en voiture, allant à leur terre ou en venant; voilà toutes les distractions que l'on peut espérer de rencontrer sur la route que suivaient Roquevel et Montare.

Deux lieues plus loin, et lorsqu'ils se préparaient à prendre un nouveau guide, se croyant abandonnés du premier, et attribuant sa disparution à quelque manœuvre rattachée au guet-apens du matin, ils aperçurent enfin à la droite de la route une manière d'hôtellerie reconnaissable à son enseigne du *Lion d'Or*, criant et flottant au vent, et à son bouquet de branches de buis semé de cocardes, de papier blanc et rouge, annonçant que l'on y vendait du vin de l'une et de l'autre couleur.

Cette auberge, située à quatre lieues environ de Carcassonne, recevait tour à tour ou les routiers qui, trop chargés, ne pouvaient arriver que trop tard à la capitale du département de l'Aude, ou des bouviers et des pourquatiers (marchands de cochons), ou enfin des paysans de retour du marché et attardés. La maison était vieille, délabrée et misérable. Sur la porte et sous une treille était le guide, assis devant une table chargée de deux verres et de deux bouteilles ; un jeune gars était auprès de lui et lui tenait tête.

Dès que le guide eut reconnu les voyageurs, il se leva en chancelant, et venant à eux s'arrêta, essaya de s'affermir sur ses pieds mal assurés ; là mettant à la main son chapeau noir enceint d'une guirlande flétrie de fleurs artificielles, il tâcha aussi de dissimuler son hoquet dénonciateur, et se mit à dire que plein de bonne volonté et d'attachement pour ces messieurs, il les conduirait joyeusement jusqu'à Rome, pour peu que la fantaisie leur en vînt et qu'ils payassent convenablement. Néanmoins, comme il avait rencontré dans l'auberge du *Lion d'Or* un sien beau-frère et compère, demeurant de son domicile au bourg de Tuchant, dans lequel était situé le château de Roquecourbe ; ce cher et amé parent lui avait offert de le remplacer auprès de *ses voyageurs*, si ceux-ci consentaient à cet échange.

Bien que tout en cette circonstance alarmât la défiance du marquis et de Roquevel, et qu'il leur semblât étrange qu'il se rencontrât à point nommé un citoyen du lieu-même où ils allaient si à propos, cependant ils ne purent refuser ce qui leur était proposé, d'autant mieux que l'honnête Carcassonnais leur proposa de ne payer que la moitié du prix convenu ; car son beau-frère n'étant en rien détourné de sa course, ne réclamerait rien de ces messieurs.

Ceux-ci ne voulurent pas épargner ainsi sur une somme d'ailleurs bien minime, ils forcèrent leur premier guide à prendre, non la demi, mais la pièce entière de cinq francs, se réservant de récompenser le remplaçant, pour peu que l'on fût content de sa conduite. L'affaire ainsi arrangée, le paysan de la cité s'en retour na satisfait et les voyageurs repartirent sous la responsabilité de son parent.

Ce nouveau conducteur était un homme âgé d'environ vingt-cinq ans, leste, et vigoureusement taillé; néanmoins il portait un pantalon de toile à raies blanches et brunes, un gilet bleu clair, une veste de velours marron et une ceinture à la catalane de soie rouge; un bonnet de laine rouge aussi, et d'une coupe vulgaire en Catalogne, couvrait ses cheveux flottant sur ses épaules et bouclés naturellement; ils étaient fins, noirs et luisants. Sa figure, brave et dessinée noblement, sa bouche petite et garnie de belles dents, des yeux grands et remplis de flamme, faisaient de Regis Noran un jeune gars de bonne mine, et sa gaîté, sa vivacité joviale, un esprit pétillant et non cultivé, tout se réunissait en lui pour lui faire rendre la confiance que d'abord on lui avait déniée.

XVI

Les hommes, par une singularité de leur nature, sont parfaitement tels que les dépeint ce vers, ou à peu près, de Molière :

<blockquote>Dans la juste raison on ne les voit jamais.</blockquote>

Si d'abord ils vous ont redouté, soit à titre de brutal ou de fripon et que la moindre circonstance les retire de cette façon de voir, ils tarderont peu à se jeter envers vous dans une voie toute opposée et vous attribueront la perfection des qualités, sans s'arrêter à une opinion intermédiaire.

Ici, par exemple, de prime-abord, ainsi que le dit M. Riflard, dans le premier acte de *la Petite Ville*, comédie de Picard*. Les deux amis, leurs domestiques, s'étaient défiés de Regis Noran, leur nouveau guide, puis séduits par les grâces de sa personne et la jovialité de ses manières, ils le crurent un garçon fidèle et désintéressé ; sans avoir un motif meilleur de s'abandonner à cette seconde opinion qu'ils n'en avaient eu de prendre la première.

Regis Noran montait un petit cheval de montagne, aux poils roux et longs, aux taches blanches et irrégulières, à la mine grêle et

* Un gazettier m'ayant demandé un soir en même temps si *la Petite Ville* était de Racine, et *Phèdre* de Molière. J'ai cru devoir, pour l'instruction de ceux qui ne travaillent pas dans les journaux, et de bon nombre de ceux qui y travaillent, faire connaître le nom de l'auteur de cette comédie si spirituelle.

chétive et pourtant plein de feu et de légèreté. La folle et preste bête allait, venait, sautait, se cabrait sans motifs non plus, et par caprice. Son maître la maintenait en riant, lui parlait avec bonté et parfois la corrigeait rudement. Au reste, il ne cessait de plaisanter, soit avec sa jument, soit avec John, dont l'âge se rapprochait plus du sien que celui de Clare; tandis qu'il appelait une réserve de bon goût envers les maîtres de ceux-ci, bien, néanmoins, qu'il les regardât en épanouissant sa figure ronde, colorée, animée, expressive.

Le marquis se sentit le premier rapproché de leur conducteur par cet instinct secret, intérieur, irrésistible, que l'on nomme sympathie. Forces gens la nient, ceux qui ne réfléchissent ni n'étudient le cœur humain, quoiqu'ils se prétendent philosophes ou philantropes; mais quiconque a observé, ne doute pas de l'existence de ce sentiment victorieux,

Damatien, lui cédant sans s'en apercevoir, rapprocha Fabius du pas capricieux de Cocote, nom familier de la jument alpestre et dit tout à coup à Regis, tandis que celui-ci terminait une exhortation paternelle appuyée de l'effet prodigue d'un rude coup de la baguette de houx qu'il tenait en sa main :

— Maître Regis Noran (car c'est ainsi, je crois, qu'on vous appelle).

— Oui, notre bourgeois, sauf votre respect.

— Êtes-vous de Tuchant par votre famille, ou bien ne faites-vous qu'y séjourner ?

— Il y a, monsieur le marquis, répondit le jeune homme en soulevant son bonnet rouge et qui venait de jeter un regard sur les fontes armoriées et timbrées d'une couronne au titre de Montare, il y a dans le cimetière de la paroisse onze pierres sur la fosse où les miens ascendants ont été ensevelis de père en fils : aussi les anciens de la commune prétendent que depuis plus de quatre cents ans nous maintenons la souche d'honnêtes hommes. Monsieur le curé, quand il parle des Noran, dit toujours que nous sommes Autochtones dans Tuchant.

— Vous avez étudié? Monsieur, repartit à son tour Damatien en soulevant son chapeau, et ceci en raison de certains mots, de la tournure de la phrase et de tout ce qu'elle sous-entendait ou laissait conjecturer.

— Oui et non. Monsieur notre digne curé m'a pris en amitié dès mon bas-âge ; il m'a enseigné à lire, à écrire, à compter ; a fait de moi son clerc favori, et ne s'est pas fâché quand je me suis avisé de fourrer mon nez dans les tomes de sa bibliothèque. J'y ai lu, par exemple, l'*Énéide*, l'*Iliade* et l'*Odyssée*, avec les commentaires de madame Ducis et M. Desfontaines, et le livre de la science héraldique, Wulson de la Colombière. J'ai même dessiné quelques écussons, et comme j'ai vu là le vôtre (et il indiquait les poches des pistolets), j'ai deviné votre titre ; quant au mot *Autochtone*, ma vanité en a retenu vite la signification. Nous sommes si anciens dans Tuchant, qu'on peut nous dire originaires de cette terre.

— Et qu'avez-vous lu encore, demanda le marquis, heureux de trouver de l'instruction dans ce jeune homme.

— Les *Pères de l'Église*, la *Vie des Saints*, par Godescart, la *Bible*, l'*Histoire ancienne et romaine* de Rollin, Crevier et Lebeau. Le *Cabinet des Fées*, les *Voyages imaginaires*; le *Théâtre des Grecs, des Latins et Anglais*; *Corneille, Racine* et *Molière*, que sais-je, quatre à cinq cents tomes que, depuis l'âge de quatre ans, je lis, relis et copie lorsque j'ai le temps. Mon père, gros meunier, est riche, homme de bien et d'honneur, et depuis que j'ai lu, j'ai encore plus l'envie de l'imiter ; surtout depuis que, dans notre grenier, au fond d'un vieux bahut, j'ai trouvé en plus un *Plutarque* complet, vies et morale, un *Télémaque*, et les Mémoires du cardinal de Retz.

— Monsieur, cela vous a inspiré au moins le désir de vous pousser dans le monde?

— Non, certes, mais bien celui d'acheter le plus de livres que je pourrai, de me marier à une fille gentille, sage et ménagère, et Dieu merci, on en trouve dans nos contrées plus qu'on ne le croit. Dans les grandes villes, l'ambition ne se développe qu'aux dépens du bonheur, et pourvu que notre intelligence nous serve à améliorer notre position, cela suffit. J'ai vu, dans tous mes livres, que les ambitieux sont heureux rarement, et malheureux presque toujours.

— Je regrette, répliqua le marquis, de ne

faire, pour ainsi dire, que passer dans votre pays; si j'y étais établi, je vous demanderais votre amitié.

—Je le vois, à mon tour, monsieur le marquis; vous êtes un vrai noble, vous êtes de ceux qui admettez au rang de gentilhomme les hommes instruits : et vous le confierai-je, dans nos environs, les boursoufflés, les insolents sont ceux qui ont acheté des savonnettes à vilain, comme le dit Marc Wulson de la Colombière, ou des industriels enrichis ; ceux-là me dédaignent : je le leur rends bien ; mais messieurs de Thézan, de Cornellian, de Mauléon, de Roger-de-Caux, de Bénevent-Rhodèz, de Foix, les rejetons de nos très nobles et antiques races, me font l'insigne honneur de m'accueillir dans leurs châteaux où ils m'ont appelé, et de venir coucher et séjourner à ma maison paternelle quand l'occasion s'en présente ou que leur amitié en a besoin... Il est vrai, poursuivit Regis en riant, que je suis Autocthone, et que les onze pierres autour de la fosse paternelle sont, à ce qu'ils prétendent, une généalogie qui en vaut bien une autre. Au reste, mon aïeule (une d'Amiel), avait pour mère une Variclery Carrare, issue des souverains de Padoue; elle épousa pauvre mon aïeul, lieutenant retiré du service, afin de remplacer à ce moulin (notre seigneurie qui se perd dans la nuit des temps); son père, qui l'avait pris du sien; il le céda à mon père, aussi capitaine et décoré de deux croix; et moi, qui le prendrai après lui, je ne serai qu'un liseur, car j'abhorre la guerre autant que la politique.

Si Damatien jouissait d'entendre parler ainsi ce beau jeune homme, Roquevel, de son côté, rougissait et se dépitait. Trop amateur des distinctions sociales, il s'avouait que Regis Noran lui était supérieur; cependant ce mouvement de vanité dura peu, son âme, au fond, était trop noble pour conserver un vil sentiment. Il s'était tu jusque là, ne faisant qu'échanger avec Damatien des regards d'étonnement ou de satisfaction, mais cette fois, et après que leur conducteur eût achevé son propos, lui, prenant la parole, dit :

— Monsieur Regis, comment notre guide précédent est-il votre beau-frère?

— Parce qu'il est de tous points ce que je suis également. Son père a des troupeaux qu'il nourrit, et c'est un bon négoce. Lui fait un peu de tout; il est d'ailleurs mon ami d'enfance, il a aimé ma sœur depuis qu'elle est née, il l'a épousée, et notre père l'a préféré au fils d'un gros marchand retiré, qui prétendait que son héritier *s'encanaillerait* en épousant la fille d'un meunier. Maître Noran a préféré un gendre son égal, qu'un fier drôle qui peut-être aurait, avant six mois, méprisé sa femme. Messieurs, mes lectures m'ont appris que tout mariage disproportionné de rang et de position sociale finit toujours par être malheureux. Oui, je le crois, le premier gage du bonheur entre deux époux est l'égalité de rang, de fortune, de naissance, et surtout d'éducation. Ma sœur n'a ni été élevée par M. le curé, ni n'a mis le nez dans sa bibliothèque. Fille de meunier, elle n'a su ni plus ni moins que les autres filles ses égales ; aussi, maintenant elle est heureuse avec mon beau-frère, et Dieu sait les couleuvres qu'elle aurait avalées, si elle fût devenue la femme de notre *grand citoyen* décrassé. Car, à propos de ceci, convenez, messieurs, qu'ils sont plaisants ces grands libéraux industriels qui vont chercher leurs brus ou leurs gendres parmi des vieilles familles, ou parmi des princes du nouveau temps. Misérables ambitieux, menteurs à leur parti et à leur conscience !

— Parmi les gens de qualité que vous comptez à si juste titre parmi vos amis, demanda Damatien à son guide, vous placez sans doute votre voisin le comte de Roquecourbe, chez lequel nous allons, et parent de M. de Roquevel-Roquecourbe que voilà?

— Je n'ai pas cet honneur, répliqua Regis avec une sorte d'embarras qui n'échappa ni à l'un ni à l'autre voyageurs.

— Comment, du même lieu tous les deux? D'ailleurs il doit voir vos amis.

— Mon père ne fait pas de visites ; il porte ou fait porter souvent le blé moulu dans son moulin; j'ai moi-même souvent conduit la charrette ou les ânes chargés de mouture à la porte du château de Roquecourbe. Il m'eût peu convenu, en d'autres circonstances, de la franchir en commensal du châtelain.

— Monsieur Regis, dit le marquis, permettez-moi de vous attaquer avec franchise, et alors de vous accuser, sans vous fâcher, que vous en mettez peu dans votre réponse. Il y a à peine une heure que nous avons le plaisir d'être ensemble, et pourtant je vous connais assez pour être certain que plus d'une fois vous avez conduit du blé minoté dans tel château dont le maître néanmoins était votre intime camarade de chasse et de conversation.

Un sourire fin et aprobatif attesta l'allégation du marquis comme exacte. Lui poursuivit :

— Donc, si vous n'êtes pas lié avec le comte de Roquecourbe, c'est par un autre motif.

—C'est vrai, monsieur, et puisque vous avez fait une sorte d'appel à ma franchise, je vous dirai que si dans le monde, comme dit Figaro dans une comédie que j'ai vu jouer à Toulouse, il y a des hommes qui valent mieux que leur réputation. Il y a aussi...

Il s'arrêta et sourit encore.

— J'entends, dit l'interlocuteur, et j'achève votre phrase : il y a aussi des réputations qui valent mieux que certains hommes..... Ainsi le comte de Roquecourbe est dans ce cas.

— Je réclame de monsieur (et il désigna Roquevel en s'inclinant) son indulgence si j'ai peu bonne opinion de son parent... Le gentilhomme dont il s'agit est processif en diable, chagrin, tracassier, babillard, débauché, tranchons le mot; redouté à cause de sa malice infernale, et fui de tous ses voisins les plus proches, de ses familiers, habitant Carcassonne. Il lui en vient de Toulouse, de Montpellier, d'Albi, de Castres, de Paris, peut-être; mais de quatre à cinq lieues à la ronde. Non! et cent fois non!

— Qu'a-t-il fait?

— On ne l'aime pas et ont le craint.

— N'y a-t-il pas un peu d'injustice?

— Non; quand il y a la voix du peuple contre un homme, et surtout lorsque celui-ci est riche, noble et à marier; quand il souscrit à toutes œuvres de bienfaisance possibles; quand il entretient au séminaire deux ou trois étudiants, et qu'à jours fixes, dans la semaine, le dimanche et le jeudi, il donne pompeusement l'aumône, et que sa pharmacie châtelaine fournit *gratis* des médicaments aux pauvres villageois de la commune de Tuchant et de celles des environs.

— Et malgré tant de bien ostensible on ne l'aime pas ! est-ce juste ? s'écria Roquevel, qui par amour-propre venait à l'aide de son parent.

— Et si c'était précisément à cause de cette ostentation insultante? répliqua le noble fils de meunier, ou l'élégant *moulinayré*, dirait-on dans le langage du pays... Je crois bien qu'elle y entre pour quelque chose; et pourtant si l'on hait le comte, on s'appuie sur ses procès, ses piquantes railleries, ses médisances, ses calomnies; que de femmes il a perdues par l'âcreté de ses propos? de combien de familles a-t-il hâté la ruine en dévoilant à l'avance le mauvais état de leurs affaires, que le secret aurait aidé à rétablir?... Il sait tout, devine tout, rapporte tout; et cela si positivement, si tôt, qu'en vérité il permet à la superstition de récriminer contre, au moyen des bruits et des assertions les plus absurdes.

Les deux voyageurs, à ces derniers mots, s'entre-regardèrent sans laisser voir par leur guide cette communication muette; puis le marquis répliquant:

— Allons, monsieur, nous sommes tous trois du même âge à peu près; nous nous convenons... (Regis s'inclina) oh! c'est vrai! Eh bien! soyez sincère et apprenez-nous de quoi l'on accuse le comte de Roquecourbe.

— De peu de chose... rien, s'il vous plaît, que de s'être donné au diable.

— Ah!... ah! s'exclamèrent les deux amis, qui se regardèrent réciproquement encore cette fois.

XVII

— J'avais bien pensé, messieurs, que vous ririez du grief capital porté dans les cantons de Tuchant de Mouthonnet et de La Grasse, à l'encontre du châtelain de Roquecourbe; cependant je n'aurais guère de pas à faire pour rencontrer, dans le prochain village que nous traverserons, un ou deux paysans qui, attardés dans nos bois ou sur la croupe de nos collines, ou des bergers qui, réveillés pendant la nuit afin de mieux garder leur troupeau, ne vous affirment avoir vu le bossu de Roquecourbe en costume et en compagnie de loups-garous franchir les ravins ou courir au fond des vallées.

— Est-ce, dit gravement Roquevel, qu'ils l'auront reconnu à la bosse qu'avait conservé la male-bête?

— Ils l'ont vu, et ceci est corroboré du témoignage de plus de quatre-vingts vieilles femmes. Ils l'ont vu en outre ou traverser les airs sur un manche à balais, ou danser autour d'un sapin avec d'autres sorciers la ronde infernale. Enfin, une antique *cagoule*, reste d'une bande de bohémiens ou d'une famille entiché des erreurs albigeoises, m'a dix fois affirmé, avant de mourir, et lors de mon adolescence, que le comte de Roquecourbe, son commensal au sabbat, avait souvent figuré avec elle dans le grand branle du bouc Satanas... Ce qu'il y a de certain, et ce qui explique nombre de ces rumeurs, c'est qu'il est bon chimiste, habile physicien, grand magnétiseur, et que, dans ses expériences nocturnes sans doute, on voit pendant la nuit voltiger au-dessus des tours de son château des flammes, des étoiles anx couleurs sinistres, qu'on y entend des cris horribles. Et moi-même, pendant une nuit du 1er au 2 novembre..... j'avais alors dix-sept ans..... messieurs, pardonnez-moi de vous parler de ces folies....

Et Regis s'interrompit brusquement, ou profita, pour briser son récit, d'un caprice de Cocote. Les deux amis le laissèrent terminer sa querelle avec la capricieuse petite jument ; mais dès que celle-ci, grâce à la baguette de noisettier et à l'habileté de son cavalier, se fût reconnue domptée, le marquis dit à Regis qu'il leur devait la fin d'une histoire ou d'une apparition.

— Ce serait de l'une et de l'autre, si je m'avisais de continuer ; mais, certes, je ne le ferai pas ; vous allez à Roquecourbe, ou plutôt au *Castelfée,* comme l'appellent les gens assez polis pour ne pas le qualifier du titre de la *tour maudite,* sobriquet que ce noble et vaste manoir mérite depuis long-temps.

Il se tut de rechef, et laissa comprendre que tout effort pour le faire parler encore sur le même sujet deviendrait inutile ; alors le marquis, changeant de propos, lui confia que son compagnon et lui voyageaient avec un domestique trop nombreux pour que leur délicatesse voulût en encombrer le château de leur amphytrion. Il fallait néanmoins loger tout ce monde que l'on tenait à avoir à proximité du château.

— Je suis heureux, messieurs, dit Regis

Noran avec ce bon goût inné aux âmes princières selon la féodalité de la nature, de pouvoir vous aider à satisfaire votre volonté. A trois cents pas au plus du château existe une ancienne gentilhommière que mon père possède et qu'il n'a jamais voulu vendre au sire de Roquecourbe, bien qu'il l'en ait sollicité nombre de fois; mais là est mort un chevalier de Thermes, l'un des derniers rejetons de cette antique famille, ami d'enfance, frère de lait de mon père, puisqu'ils eurent la même nourrice, mon aïeule, amie également de sa mère, morte en couche. Mon père, dans la révolution, acheta ce manoir, ancien franc-fief, pour le conserver à son ami; il le lui rendit en 1800, et comme il s'était opiniâtré à ne pas en recevoir le prix, d'ailleurs fort minime en sa réalité d'argent monnoyé, cinq cent francs pour trente mille livres en papier. Le chevalier de Thermes, mort en 1814 de la joie que lui causa le retour des Bourbons, donna par testament son fief, comme il l'appelait encore, à mon père, lequel m'a fait promettre de le garder également tant que je vivrai. La maison est vaste et meublée, j'y ferai porter les lits qui manqueront, et vos dix ou douze domestiques y logeront commodément. La proximité du château leur permettra d'être sans cesse auprès de vous deux.

Damatien et Alfred acceptèrent cette offre amicale; ils eurent fort à faire pour contraindre Regis à accepter un prix du loyer qu'il fixa à sa fantaisie, et qui fut presque réduit à rien par le désintéressement de ce guide d'une espèce si nouvelle. Ce point achevait d'être débattu, lorsque Clare, qui depuis un peu de temps était demeuré en arrière, et que même on avait perdu de vue, accourut au galop, et ayant rejoint ses maîtres.

— Messieurs, dit-il, vous feriez bien de

presser le pas de *Fabius* et de *miss Bethsy*, nous sommes suivis par une demi-douzaine de gens suspects à mine espagnole et peu rassurante ; il y a tant de miquelets, de contrebandiers, de constitutionnels, de fernandistes de par-delà les monts, et qui infectent ces départements frontières, qu'il ne fait pas bon de les rencontrer ; et ce qui me donne d'autant plus mauvaise opinion de cette honnête troupe, c'est que j'ai reconnu avec eux le coquin de pâtre de tantôt ; ce coquin chargé du crime médité, et qu'on se flattait d'exécuter dans le manoir de la tour isolée.

— Que parlez-vous de la tour isolée, demanda Regis avec émotion, comment, vous, tous étrangers, avez-vous eu maille à partir avec ce bâtiment scélérat ?

— Et vous-même, guide, repartit Clare, pourquoi vous plaignez-vous de ce manoir ?

— C'est que sa réputation est détestable ;

et pas plus tard qu'hier, au jour, j'ai failli laisser ma vie aux environs au moins.

— Contez-nous cela, dit vivement Roquevel?

— Oui, mais en route, si ces messieurs me croient; la place n'est pas sûre... Tenez... tenez... regardez Roland; je gage qu'il flaire le drôle de tantôt.

En effet, le bon chien qui, jusque là, avait vagabondé en franc étourdi çà et là, et en s'amusant avec les chevaux des voyageurs, s'était assis sur son train de derrière, et le cou tendu, l'œil fixe, le nez au vent, semblait aspirer des émanations qui lui étaient désagréables... Il tressaillit... Puis il grogna sourdement; puis enfin, après avoir tourné autour des cinq cavaliers, il partit en droite ligne sur la route, et avec la rapidité du trait, Roquevel, le marquis et les trois autres, cédant, par un sentiment intime à ce conseil muet que leur donnait l'animal intelligent, piquèrent des deux par un accord spontané dont aucun ne s'était rendu compte, et en peu de secondes furent loin d'un rocher voisin bornant le chemin sur la route. Bien d'ailleurs leur avait pris de cette course précipitée, car au moment où ils s'élançaient, et par conséquent laissaient libre la place où ils s'étaient arrêtés pour ouïr le rapport de Clare, huit coups de fusils furent entendus à la fois, ainsi que le sifflement d'un grand nombre de balles et de mitraille........ Sans doute un guet-apens nouveau venait d'être commis, et sans le double avis de Clare et du chien, cinq cadavres humains auraient été rencontrés là par les premiers passants étrangers au crime.

Parvenus à un mille de cet endroit, les attaqués s'arrêtèrent. Roquevel et Damatien ouvrirent l'avis (ils avaient chacun dans leur armement un fusil à double coup) de revenir vers l'ennemi afin de lui prouver qu'une retraite intelligente n'était pas une fuite honteuse; mais Regis Noran s'y opposa. Il leur demanda s'ils connaissaient bien le nombre complet de leurs ennemis; s'ils étaient assurés de ne pas trébucher dans une embuscade, et quelle gloire ils attendaient d'une tentative d'assassinat changée en un combat régulier.

—Messieurs, ajouta-t-il, n'allons pas aider ces misérables à consommer leur crime: je vois la préméditation, car cette attaque-ci se rapporte à ce que j'ai à vous dire touchant la tour isolée. Sortons de cette gorge toujours mal famée; nos chevaux sont bons; une galopade de deux heures ne les tuera pas, et comme ces coquins sont à pied, selon toute apparence, nous leurs échapperons sans retour. Enfin, je suis votre guide, je réponds de vous, ne me rendez-donc pas cette responsabilité périlleuse.

Son avis fut approuvé. L'on repartit rapidement, et après avoir cheminé pendant le temps fixé par Regis, comme l'on s'arrêta pour laisser souffler les chevaux, on le pria de raconter son anecdote; ce qu'il fit en ces termes :

« Avant hier je partis de Tuchant, et je devais coucher à Carcassonne, chez mon beau-frère. Un accident arrivé à un voyageur m'arrêta à l'auberge du Lion d'Or où je vous ai rencontré. J'y étais venu dans le char-à-banc d'un de mes voisins, et quelqu'un de Tuchant devait plus tard conduire à la même auberge ma jument *Cocote* que j'y aurais trouvé aujourd'hui à mon retour de Carcassonne.

« Il était tard lorsque je partis pour cette ville; j'étais à pied; mon concitoyen ayant poursuivi sa course tandis que je secourais le roulier, la nuit m'atteignit auprès de la maison isolée; je vis avec étonnement ses fenêtres éclairées, et cela ne me fit conjecturer rien de bon. Derrière moi j'entendis partir cinq coups de sifflets tous différents; ce qui me fit conjecturer que j'étais suivi par cinq hommes. Du côté de la tour isolée on répondit par sept autres coups de sifflets aussi.—Ils sont douze, pensai-je,—et ce rassemblement, le jour fini, vers ce lieu, et en ce nombre, alarma ma prudence.

Je crus n'avoir pas été vu, puisque moi-même je ne voyais rien ni d'un côté ni de l'autre. Il était dangereux d'aller en avant ou de reculer, puisque, selon toute apparence, je me trouverais entre deux bandes mal intentionnées. Je me ressouvins, grâce à Dieu, qu'à peu près à l'endroit de la route où j'étais, celle-ci était traversée dans sa largeur par un ponceau peu élevé. Je me hâtai d'y descendre, avec précaution pourtant, car il eut pu se faire que ces gens-là y eussent mis une sentinelle. Il n'en était rien. Tout même me porte à croire, qu'étrangers à cette partie du pays, ils n'en soupçonnaient pas l'existence.

« Je me blottis donc dans cet asile que la Providence me réservait sans doute, et ne soufflant mot, j'attendis ce que Dieu ordonnerait de moi. J'avais bien calculé la distance de l'éloignement presque égal des deux bandes. Elles se rejoignirent exactement au-dessus de ma tête. La grosse troupe se tint à part, occupée à boire. Deux hommes seuls s'écartèrent et vinrent à l'extrémité où je me tenais coi, converser ensemble. Voici leur colloque :

« — Eh bien! tu en amènes quatre?—Oui, et toi?—Six!—Bon, cela suffit.—La trappe est disposée, l'inscription gravée; la caisse d'harmonie est montée au second étage du manoir. On allumera la lampe au point du jour; ainsi tout porte à croire que tous les deux seront pris au piège.—Mais pourquoi, alors, ces douze hommes?—Afin de tout prévoir : si les deux inséparables échappent à la trappe, nous tomberons sur eux en lieu utile. — On t'a payé? — Oui. — Pour tous deux ? — Oui.— Qui, celui du pays, ou l'autre? — Tous les deux. — Soit, quand on s'expose, il est agréable que ce ne soit pas gratis. Tu es sûr de tes Espagnols? — Et toi, de tes contrebandiers? — Les imbéciles, ils nous obéissent pour le tiers de la somme que nous prétendons être contraints à leur payer. — Ma foi, quand on veut se donner le passe-temps d'un double, triple ou quadruple meurtre, il faut bien les payer... Maintenant que ferons-nous? — Tu vas prendre tout ton monde ; tu les feras souper à la tour ; ils en partiront ensuite, et iront à la grotte qui sert à cacher nos marchandises, et où je vous rejoindrai. Je vais à Carcassonne épier le départ en question. Je suivrai les voyageurs à la piste ; toi tu les attendras, tu feras aller la mécanique, et s'ils sont encoffrés, nous irons ensemble joindre les amis. — Et les domestiques? — Et les domestiques? — Tu mettras une bouteille de vin, un pâté et un pain en haut; ils y monteront pour chercher du secours; ils verront les aliments, et s'ils en mangent... Mais, à propos, si par hasard un seul venait au bruit de la musique, et s'engouffrait, accours au devant des autres, fais-leur un conte, dis-leur que l'encoffré a poursuivi sa route; ils continueront la leur pour le rejoindre, et nous les massacrerons alors. — Tu devrais bien me laisser deux des nôtres ? — Oui, pour que les gendarmes les surprissent : toi seul dans la tour, ce n'est pas suspect, tu peux t'en dire le locataire, son possesseur ne te démentira pas; mais eux, on a leur signalement, ils sont connus.

« Ici, poursuivit le guide, ils s'éloignèrent; mais revenant, j'appris encore que deux miquelets rôderaient dans ce lieu pendant que les autres souperaient. Ceci me détermina à ne pas quitter mon asile. Je vainquis le sommeil : enfin il me gagna, je m'endormis malgré moi et ne me suis réveillé qu'au jour venu et vers cinq heures. Alors, au lieu d'aller à Carcassonne, je suis revenu ici pour y prendre mon cheval et retourner dans cette ville prévenir les autorités. Bien que je n'avais rien compris à ce complot. Peu après mon beau-frère est venu me joindre, lui très surpris de me savoir là. Il m'a tant conjuré de lui éviter de conduire à Tuchant des voyageurs dont il était le guide, que ma faiblesse et mon amitié m'ont fait oublier mon devoir, et je me suis soumis à l'exigence de mon parent. Voilà, Messieurs, ce qui m'est arrivé, et maintenant je devine que vous êtes ceux dont ces deux scélérats parlaient hier au soir, et qui déjà, sans doute, avez évité heureusement le premier piège qu'on vous avait tendu. »

XVIII

— Alfred, nous ne pouvons aller chez le comte de Roquecourbe, dit Damatien, lorsque l'honnête guide eut achevé son récit.

— Pourquoi ne pas y aller? quel mot, dans ceux entendus par monsieur, accuse positivement le comte de Roquecourbe, aucun. L'a-t-on nommé, est-il responsable de son hôte? Quant à moi, je ne reculerai pas dans cette circonstance, quel péril, d'ailleurs, pourrons-nous courir dans un château où plus de trente gentilshommes, fonctionnaires ou dames seront réunis avec nous; n'aurons-nous pas Clare, John, le formidable Roland pour nous défendre? Allons, amis, du courage et en avant.

— Soit, répondit le marquis, repartons; il est temps de nous presser, la nuit approche. Sommes-nous encore loin de Tuchant?

— Deux lieues nous en séparent, trois, quatre peut-être, si nous allions à pied, dit le guide, mais lorsqu'on est monté sur de bons chevaux tels que les nôtres, dans deux heures, et pas une minute au-delà, nous serons arrivés.

On se remit en marche, ou, pour mieux dire, à faire trotter les bonnes montures de manière à ce que le petit galop ne fut pas éloigné du pas hâtif. Alfred et Damatien se mirent à se ressouvenir mutuellement de leur vie passée, pendant ce temps, le guide se rapprocha de Clare et de John, tous trois causèrent avec abandon, et si bien que Regis Noran, sans paraître montrer la moindre curiosité, fut instruit mot à mot, et particulièrement, de ce que les deux Parisiens avaient fait depuis leur sortie de Paris. Les merveilles du château de Saissac ne furent pas oubliées, et, lorsque Regis se rapprocha des maîtres, il ne lui restait rien à apprendre des domestiques.

— Messieurs, dit-il en ce moment, c'est la Providence qui m'a placé sur votre route, et j'espère vous en convaincre bientôt ; allez sans crainte à *Castelfée* ou à *la Tour maudite*, je ne peux pas vous garantir de ce qui peut vous y arriver, mais du moins quoiqu'il vous y arrive, je m'engage sur l'honneur à y introduire tous vos gens qui logeront à Fontperle, nom du manoir et franc-fief que mon père possède à trois cents pas du château seigneurial du comte de Roquecourbe, ou à vous faire sortir librement de celui-ci.

— Vous nous expliquerez, dirent ensemble les deux amis, ce que vous sous-entendez par cette phrase mystérieuse.

— Pas aujourd'hui ni maintenant, répliqua le guide, voyez, autour de nous la route est étroite, de haut rochers la bordent, des arbres et des buissons ont été plantés si proche d'elle, qu'en vérité si vos ennemis sont habiles, prouvons-leur que nous le sommes comme eux.

Il dit, et poussa son cheval, et en se remettant à l'avant-garde, il crut entendre une voix éloignée lui dire en le menaçant : *Ah! toi aussi tu te prêtes à nous combattre, tremble!* Il se retourna, ne vit rien, descendit de cheval sous un prétexte vulgaire, entra dans le fourré..... Un homme s'en éloignait d'un pas pressé et il s'enfonça dans une gorge sinueuse et boisée. Le poursuivre eut compromis les voyageurs, il n'en fit rien et, revenant sur la grande route, s'élança d'un temps de galop, jusqu'à ce qu'il eut rejoint la compagnie qui déjà l'avait devancé.

Le jour tirait vers sa fin, les derniers rayons du soleil, auxquels les voyageurs tournaient le dos, vinrent se réfléchir sur une masse énorme de bâtiments hauts et crénelés, sept tours et une huitième plus élevée, dominaient une enceinte sombre et percée de peu de fenêtres, toutes resplendissantes. A ce moment on eût dit qu'un incendie violent dévorait ce lieu, à tel point les vitraux flamboyaient par l'effet de la réverbération.

— Quel est ce bourg? demanda Roquevel au guide.

— C'est, repartit celui-ci, le seul château de monsieur votre parent, c'est *Castelfée* et voilà par-dessus toutes ses sept tours la *Tour maudite*.

— Nous sommes donc arrivés? ajouta Clare.

— Pas encore, mon ancien guerrier, rien n'est trompeur comme les chemins de nos montagnes, une heure au moins s'écoulera avant que nous atteignions le but de notre course; nous avons encore quatre vallons à traverser et cinq collines pénibles à monter ou à descendre.

— C'est donc là *Castelfée* se dit Roquevel à part soi...

Il réfléchit pendant quelques minutes, puis d'un ton naturel, à ce qu'il crut, il dit à Damatien, en se rapprochant tout auprès de lui.

— Ne penses-tu pas qu'il serait convenable qu'un de nous demeurât à Fontperle avec nos gens, et ce pour les contenir, car nous ne les connaissons guère, et le point convenu, je te prierais de vouloir bien le premier te charger de cette corvée.

Damatien le regarda fixement, puis le saluant avec ironie.

— Je remercie M. Alfred de la peine qu'il se donne pour retirer mon épingle du jeu, s'imagine-t-il que s'il y a du danger dans un séjour quelconque à *Castelfée*, je lui abandonne ainsi ma part; il se trompe, je suis comme lui envieux de la gloire et du péril, surtout lorsque c'est mon ami qui l'affronte.

— Tu te trompes, c'est de bonne foi...

— Eh bien, dans ce cas, tournons la médaille, tu surveilleras nos gens, et je serai le commensal du comte.

Roquevel, pour toute réponse, serra la main de son ami, et ils retombèrent chacun dans leur rêverie... Peu après, deux ou trois coups de feu furent tirés dans la montagne à leur gauche; la cavalcade s'arrêta et l'on se demanda si cette mousquetade était l'avis d'une nouvelle attaque... Un coup de vent qui suivit apporta le son des cors et le bruit du jappement de plusieurs chiens.

— Ah! dit le guide, c'est le comte de Roquecourbe qui chasse; tenez, le voilà sur ce mamelon prochain, en compagnie de quatre à cinq gentilshommes du voisinage... Bon, dorénavant je n'ai plus rien à craindre pour votre sûreté; mais il vous a vu, il vous fait apercevoir par les autres chasseurs; que vous ai-je dit, il accourt à bride abattue, lui et les autres honnêtes gens que je connais; tous vont vous servir de guide, quant à moi qui ne peux vous être nécessaire dorénavant et qui, d'ailleurs, me veux éviter de la part de votre amphytrion quelque invitation polie à laquelle mon père m'empêcherait de me rendre, il vaut mieux que je la prévienne, et je m'enfuis.

— Quoi! dirent les amis, vous séparer de nous aussi brusquement?

— Non pas, j'espère, messieurs; nous nous

reverrons plus tôt que vous ne pensez, je me charge de votre suite, j'irai la retirer du lieu où elle sera descendue et je l'hébergerai plus convenablement à Fontperle; vous m'y autorisez, n'est-ce pas?

— Je ferai mieux, monsieur, dit Clare, je vais moi aussi vous accompagner, déclarer à *mes hommes* que, jusqu'à nouvel ordre, ils passent sous votre autorité et, avant que ces messieurs entrent au château, je serai déjà revenu de ma course dans le village ou dans le bourg de Tuchant.

Un signe du marquis autorisant son valet de chambre à ce changement de route, Clare poussa son cheval et partit précédé déjà de Regis Noran, qui se montrait peu curieux d'une rencontre avec le comte de Roquecourbe. Cette manière presque incivile, à l'instant où le groupe abordait le grand chemin royal, maîtres, gens et chiens débouchèrent en tumulte.

Le comte en tête qui, à l'aspect d'Alfred et de Damatien, se hâta de saluer d'une main tandis que de l'autre il lâchait la bride à son cheval, afin de lui laisser un temps de course encore, puis, s'arrêtant habilement.

— Messieurs, dit-il en s'adressant aux voyageurs, vous êtes les bien-venus et je vous remercie de votre exactitude; depuis le matin je me flattais de vous voir arriver à propos pour prendre part à notre heureuse chasse; aussi l'ai-je maintenue constamment sur la route de Carcassonne ou aux environs; mais à propos, j'oublie la présentation d'usage.

Il achève et, sur-le-champ, il dit le nom de Roquevel et de Montare à ceux qu'à leur tour il fait connaître à ceux-là; puis, poursuivant et s'adressant à ses nouveaux hôtes.

— Vous voyez qu'un des nôtres nous manque, cet excellent baronnet, sir Olivier Hamelstonn; le pauvre garçon il s'est blessé à l'épaule gauche dans une chute qu'il a faite, il peut bien aller et venir dans mon château ; mais au dehors, cela lui est impossible, aussi vous attend-il avec une vive impatience.

— Pourtant, devons-nous croire ce que vous nous dites, comte? reprit Roquevel, lorsque nous savons que votre ami sait qui nous som.....

— Taisez-vous... taisez-vous, mon neveu, se hâta de répliquer le châtelain ; pourquoi rallumer des querelles que je me flatte d'avoir éteintes par mes prières et par ma prudence. Messieurs, poursuivit-il, en se tournant vers le groupe des chasseurs, j'ai eu le bonheur de passer la journée avec vous tous, permettez-moi d'en consacrer dix minutes plus particulièrement avec ces deux nobles étrangers, j'ai mission de terminer une affaire importante et qui les regarde ; hâtez-vous de rentrer à *Castelfée*, rapportez-y en triomphe le gibier produit de notre chasse, nous vous suivons pour ainsi dire pas à pas.

Les voisins de Roquecourbe lui obéirent avec cet empressement d'écornifleurs et de parasites trop communs même aux champs, et, lorsqu'ils furent hors de portée de la voix, le comte se plaçant entre les deux Parisiens, leur tendit de nouveau la main en signe de bienveillance, et leur dit :

— Je vous aime, Roquevel, parce que vous êtes le seul héritier de mon nom, et j'aime aussi le marquis Damatien de Montare, parce qu'il vous est attaché sincèrement ; enfin, j'ai pour sir Olivier qui, dans mes voyages, m'a rendu de très grands services, une affection égale à ce que j'éprouve pour vous deux. Placé donc entre vous trois, et dès le moment où une malice bien coupable lui a fait connaître vos noms véritables sous ceux de Talmire et de Forguerolles, je me suis interposé entre vous trois afin d'éviter une querelle inévitable. Pour mieux réussir dans mon but amical, où le cœur est tout entier, croyez-le bien, je suis parti de Carcassonne avant vous deux; j'ai amené avec moi sir Olivier, il ne respirait d'abord que vengeance, il voulait vous punir également du meurtre de son frère; vous, mon neveu, comme étant l'assassin direct du baronnet Edgard sir Hertfort, et vous, marquis, en votre qualité de premier témoin dans cette affaire malencontreuse; j'ai tant fait, je l'ai tant prié, qu'il a consenti à vous traiter en apparence comme s'il ne vous connaissait pas, sous la seule condition toutefois, et raisonnable, que vous garderez pendant votre séjour dans mon château les noms que vous avez pris à Carcassonne, dans le but d'éviter maille à partir avec nos procureurs du roi.

— Monsieur et cher comte, repartit gravement Roquevel, il nous en coûtera beaucoup de ne pouvoir vous complaire en ce que vous nous demandez; mais déjà sir Olivier m'a écrit avec insolence, il m'a accusé d'avoir pris ce déguisement pour lui échapper et, non content de cet acte hostile, n'a-t-il pas, si ce n'est lui-même, aposté un assassin pour me faire périr nuitamment à Carcassonne? Ce vil projet déçu, il m'a tendu ce matin même un piège infâme dont la Providence et l'amitié m'ont préservé; et, peu satisfait encore, mon ami, nos gens et moi, avons failli une autre fois périr dans un guet-a pens où sa trace se montre sans cesse. Or, lorsqu'on a affaire à un ennemi tellement acharné, ce qu'il est bon de tenter, c'est de le combattre en face, afin de le convaincre qu'il ne nous épouvante pas.

— Oh! messieurs, que vous m'affligez, repartit le comte; je ne sais pas un mot de ce que vous me dites ici! et, avant que d'en parler avec vous, apprenez-moi dans un ample détail ce qui s'est passé tantôt.

— Nous le ferons aisément, monsieur, dit Damatien à son tour, et vous jugerez sans peine quelle foi nous pouvons faire dans ce que vous promettez en son nom.

A la suite de ce préambule, il poursuivit et rapporta tout, depuis la tentative d'assassinat faite contre Roquevel, jusques à l'attaque générale dans les Corbières. Le comte écouta avec un chagrin sincère, et comme s'il ne savait rien de ce qui s'était passé. Lorsque Damatien eut achevé, le malin bossu se hâta de répondre qu'assurément tout cela partait d'un ennemi riche et puissant; mais que nulle circonstance ne lui démontrait invinciblement la connivence de sir Olivier; par exemple, dit-il encore, nos rochers voisins sont remplis de bandits, de miquelets, de contrebandiers, amenés dans le pays par la guerre civile qui, depuis 1808, désole l'Espagne ; pourquoi ne seriez-vous pas tombé dans un parti de ces coquins.

— Mais, monsieur, vous oubliez, riposta Damatien, que le même scélérat chargé du piège auquel mon ami a échappé, faisait partie de la dernière bande. Je ne vous ai pas dit aussi qu'un étranger honnête homme a, pendant la nuit dernière, auprès de la tour isolée, entendu nouer par les mêmes personnes, le piège du souterrain et le guet-a pens de la montagne, et que dans l'un et dans l'autre on y rencontre toujours sir Olivier ; enfin, une particularité inutile à répéter nous a fourni des preuves incontestables, aussi bien que si elles était *de visu*, que le meurtrier nocturne, si bien accueilli par Roquevel, était l'agent direct de sir Olivier.

XIX

Ici la conversation fut interrompue par un jeu de la nature qui attira vers soi tous les regards des voyageurs. D'un pic des Corbières, on vit s'élever lentement dans le ciel un globe de feu verdâtre qui, parti du nord, se dirigea, par une marche véloce, vers le midi; mais étant arrivé au-dessus du château de Roquecourbe, que la nuit enveloppait de son ombre, il l'illumina spontanément, parut descendre sur ses murailles, et là disparut avec un bruit prodigieux et lançant des milliers d'étincelles.

Les spectateurs d'un tel phénomène, bien que d'ailleurs un motif important les occupât entièrement, ne purent d'abord se refuser de le suivre dans sa course, et lorsqu'ils l'eurent vu faire son explosion, la singularité de ce prodige, bien que naturel, leur inspira à tous des réflexions si poignantes, qu'ils demeurèrent de concert ensevelis en une profonde rêverie.

Cependant ils cheminaient, l'espace était franchi, et ils atteignaient la dernière rampe à monter, sur laquelle s'élevait le *Castelfée*. Le maître de ce manoir antique reprit la parole en ce moment.

— Messieurs, dit-il, les choses tournent de manière à me mettre au désespoir ; je me flattais de faire de ma maison le séjour de la paix, je vois à regret qu'il va devenir celui de la guerre. Est-ce donc du sang qu'il vous faut encore? celui déjà versé ne vous suffit-il pas! J'ai par hasard dans mes vieux jours retrouvé un parent de mon nom, me sera-t-il ravi à ce moment précis où je voulais en faire mon héritier.... Écoutez-moi l'un et l'autre, écoutez-moi, je vous en conjure, et que cette dernière proposition vous désarme.

— Soit, monsieur, dit Damatien, je pense comme vous, la paix vaut mieux que la guerre; j'accepterai pour ma part tout ce qui ne compromettra pas mon honneur, et Roquevel, je l'atteste en son nom, fera comme moi.

— Oui, dit celui-ci; afin de vous plaire, monsieur, je me soumettrai à ce qui sera raisonnable.

— Eh bien! messieurs, reprit le comte,

voici mon *mezzo* terminé. Sir Hamelstonn souffre encore vivement de sa chute, je le déterminerai, j'espère, à demeurer dans sa chambre pendant quelques jours. Vous ne lui rendrez pas visite, puisque vous ne voulez plus abdiquer votre nom, et dans ce temps je travaillerai sur nouveaux frais à obtenir des uns et de l'autre cet accord, but unique de mes souhaits.

— A la bonne heure ! dirent les deux amis, ceci est très acceptable ; nous ne voulons point de nouveau duel, mais nous ne pouvons plier devant un homme qui s'obstine à nous poursuivre, et à ne point se contenter d'une paix à laquelle nous acquiesçons.

— Soyez à jamais persuadés, dit à son tour le comte, que vous êtes dans l'erreur touchant sir Olivier ; je me flatte que désormais la franchise de ses manières, que le besoin sincère qu'il a de se rapprocher de vous, malgré le meurtre qui vous souille à ses yeux, et la sûreté qui vous attend aussi dans *Castelfée*, vous prouvera qu'il n'a pas autant de tort qu'on veut lui en supposer. Ainsi, c'est marché fait, vous ne provoquerez pas une collision que je veux éviter absolument.

— Oui, nous vous le promettons, monsieur, et nous tiendrons fidèlement notre parole, dit Damatien au nom de son ami et au sien propre.

— J'en rends grâce au ciel, dit le comte qui, s'arrêtant tout à coup, força les deux voyageurs à l'imiter, voilà donc une querelle meurtrière en mesure d'être apaisée; je me flatte qu'elle n'ira pas plus loin... Maintenant, poursuivit-il, et ici il baissa la voix, maintenant que nous sommes en plein accord sur ce point, veuillez satisfaire ma question sur un autre. Quelle particularité vous a mis en rapport avec un homme dangereux de ce pays, un homme chef de tout le carbonarisme de nos contrées, et sur lequel il conviendrait d'appeler particulièrement l'attention des autorités civiles et militaires.

— J'ignore de qui vous parlez, mon oncle, répondit Roquevel, je ne suis pas conspirateur, et Damatien, par qualité et par goût, est royaliste, si bien que nous sommes surpris de ce que vous venez de nous dire.

— Et ce que monsieur nous expliquera tout de suite, ajouta le marquis irrité.

— Quoi! messieurs, ne viens-je pas de vous voir en pleine conversation avec un nommé Regis Noran; ne vous a-t-il pas quitté à mon approche, et quand il est parti, le valet de M. de Montare s'est éloigné avec lui; de c paysan, ce manan grossier...

— Halte-là! monsieur le comte, dit cette

fois Damatien avec fermeté, tandis que sa main gauche passée derrière son dos faisait signe à Roquevel de se taire, halte-là ! s'il vous plaît, car je suis en peu de temps devenu l'ami de l'homme distingué que vous accusez à tort sans doute.

— Je l'accuse à tort !

— Oui, monsieur, à tort, je le répète, monsieur Regis Noran n'est ni un paysan ni un manant grossier, c'est au contraire un jeune homme gracieux, dans ses propos élégant, dans sa forme instruit, et plus encore rempli de délicatesse, de noblesse et de piété; on vous a trompé sur son compte, cependant je ne refuse pas de lui rapporter ce qu'il vous plaira de me dire à son sujet, et je me flatte qu'il se justifiera sans peine à vos yeux et aux miens; serait-il carbonaro, lorsqu'il vit dans l'intimité avec MM. de Mauléon, de Benevent-

Rhodès, de Foix, de Corneillan, de Pins, de Voisins, etc., ce qui ne pourrait avoir lieu s'il professait de mauvais principes.

— Oh! répliqua le comte bossu, avec une manifestation de mauvaise humeur à laquelle se mêla bientôt de l'effroi, ce drôle gaillard a ébloui ceux-là tout comme vous. Du reste, loin de vouloir me compromettre en ayant le moindre rapport envers lui, je vous conjure de ne lui rien répéter de ce qui m'est échappé dans un moment de colère; mais comment vous êtes-vous lié avec lui?

Cette question fournit matière à un nouveau récit, et lorsque Roquevel l'eut achevé, le comte de Roquecourbe, se tournant vers lui, dit en ricanant, et peut-être avec un dépit retenu :

— Ainsi, pour venir me voir, mon neveu et son ami se sont fait accompagner d'une manière d'armée, et faisant mieux, ils l'ont établie chez l'un de mes ennemis.

— J'ai l'honneur de faire observer à monsieur le comte de Roquecourbe, riposta Damatien, que lui-même vient de nous affirmer que les Corbières sont remplies de contrebandiers miquelets et voleurs; dès-lors doit-il s'étonner si nous avons pris nos précautions. Notre fantaisie est, en quittant son château, de parcourir long-temps encore les Corbières et les Pyrénées; nous voulons le faire en sûreté et sans embarras. Le hasard nous a procuré la connaissance d'un jeune homme plein de mérite et de vertu; en outre, croyons-nous, il possède une gentilhommière presque à la porte de *Castelfée*, et comme notre ferme volonté est, n'importe les instances que son maître voulût nous adresser, de ne pas l'affamer, en introduisant dans ses murs *notre armée*, nous avons trouvé avantageux de la faire camper tout auprès.

— Soit, messieurs, dit le châtelain, toujours en maugréant, manifestez-moi de la défiance; mon beau neveu me traite comme un ennemi, et pourtant..... Mais nous voici à la porte de ma pauvre demeure, me permettront-ils de leur en faire les honneurs ?

Damatien et Alfred allaient répondre, lorsqu'ils furent abordés par Clare qui, s'adressant à son maître et lui désignant du doigt une construction flanquée de quatre tours et rapprochée de *Castelfée*, à la distance que le guide avait dit, se mit à dire également:

—Ma foi, monsieur le marquis, la Providence nous a bien servi quand elle a mis sur notre chemin cet honnête meunier ! Nos gens sont casés chez lui, là, ici proche ; on les loge, on les nourrit et abreuve à merveille ; on les chauffe et couche, le tout pour la somme de trente sous par tête, et par-dessus on leur fait bonne mine d'hôte; ils vous remercient de les avoir casés ainsi.

Le propos de Clare indisposa encore plus le comte qui fit semblant de ne pas l'avoir écouté. Il convia de nouveau le marquis et Roquevel d'entrer dans son château dont la porte venait d'être ouverte au signal qu'il avait fait. Malgré la nuit déjà descendue, les voyageurs examinèrent l'ensemble de ce vaste édifice. *Castelfée* s'élevait sur un rocher : cinq tours unies par des corps de logis crénelés en formaient la façade ; trois autres tours, plusieurs tourelles et d'autres bâtiments érigés et réunis selon le caprice des propriétaires divers, présentaient un ensemble imposant : on croyait d'abord voir une petite ville.

Dans l'intérieur on rencontrait successivement des tours plus ou moins grandes ; cinq grands escaliers et nombre d'autres plus petits; plusieurs galeries, des salles immenses, des appartements aux dimensions géantes; deux ou trois chapelles toutes abandonnées, une ressemblait, par sa grandeur, à une cathédrale. L'ameublement, à part celui des pièces de représentation, quoique passablement entretenu, n'avait pas été renouvelé depuis le règne d'Henri IV, à part quelques meubles de Boule et quelques pendules portant dans leur ornementation le style de Louis XIV et de Louis XV.

Après avoir dépassé un fossé large au moyen d'un pont en brique, mis en place du pont-levis, on traversait un long et tortueux corridor percé dans une tour ; là, on se détournait afin d'éviter une tour appelée la place d'armes, et un péristyle couvert, sorte de cloître gothique, conduisait à la salle des gardes, d'où l'on pouvait aller dans les diverses parties du château.

La grandeur des salles, leur nudité et leur solitude serrait le cœur et faisait frissonner involontairement. Damatien et Alfred furent amenés d'abord par leur hôte dans l'appartement qu'il leur destinait; mais le concierge, les arrêtant, dit au comte que, vu les réparations à faire à la chambre de Charles IX, il fallait que ces messieurs habitassent la chambre rouge.

Cet incident parut contrarier M. de Roquecourbe, il insista pour que la chambre qu'il avait désignée fut donnée à ses hôtes; le concierge répondit froidement qu'elle était déjà démeublée, les maçons devant y être mis dès le lendemain, et force fut au comte de les conduire dans la *chambre rouge*. Son nom provenait d'une tenture de damas couleur de feu qui la tapissait, et d'un immense paravent de laque rouge qui défendait du froid les approches de la porte. Deux lits antiques à dôme orné de panaches, douze fauteuils en bois doré, douze cabriolets, deux canapés, deux bergères, le tout recouvert d'un canevas à fond rouge, pouvaient à peine, avec deux secrétaires, deux commodes et trois consoles, meubler cette pièce assez vaste pour qu'on y dressât un festin royal.

Le comte, après les avoir installés, les prévint qu'un domestique viendrait les prendre pour les conduire à la salle à manger lorsque l'on sonnerait le souper, puis, abrégeant les compliments, il se retira. Clare et John arrangeaient les hardes de leurs maîtres ; ils devaient coucher dans deux cabinets voisins, et communiquant à la chambre rouge par un corridor.

Les deux amis, depuis leur entrée dans *Castelfée*, ne s'étaient rien dit : une sourde mélancolie les dominait ; la vue du lieu où ils étaient ne pouvait guère les réjouir ; ils s'approchèrent de la cheminée, s'assirent chacun dans une bergère, et après avoir joui de la douce chaleur d'un brâsier noblement allumé, ils allaient se communiquer leurs réflexions, lorsqu'on heurta deux coups sur une boiserie. A ce signal, et à la grande surprise de Montare et de Roquevel, ils virent Clare courir du côté de la porte qui s'ouvrait sur un salon précédent, la fermer soigneusement aux verroux, puis traverser la chambre dans toute sa longueur, s'y diriger entre les deux lits. Là, il souleva la tapisserie, parut chercher quelque chose, puis fit jouer un ressort... Un panneau de bois glissa dans la muraille ; un vent frais fit vaciller la flamme des bougies. Les deux amis, étonnés de tout ceci, n'osant supposer une trahison, se levèrent néanmoins, s'avancèrent avec vivacité vers l'issue qui venait de leur être découverte, et ce fut pour recevoir, par cette voie, Regis Noran qui se présenta devant eux.

FIN DU PREMIER VOLUME.

Sceaux. — Impr. E. Dépée.

A la même Librairie.

LES DERNIERS JOURS DE L'EMPIRE, Poëme en quatre chants, (l'Ile d'Elbe, le Retour, Waterloo, Ste-Hélène) suivi de notes historiques et de Poésies diverses, par Charles Massas, 1 vol. in-8. 7 fr. 50.

BENEDITTO ET LA DAME DE TRÈFLE, par Charles Marchal, 2 vol. in-8.

LE CLUB DE PICKWISTES, roman comique, par Charles Dickens, traduit de l'Anglais, par Mme Eugénie Niboyet; 2 vol. in-8.

MÉMOIRES HISTORIQUES DE A. R. MADAME LA DUCHESSE DE BERRY, depuis sa naissance jusqu'à ce jour, publiés par Alfred Nettement; 2 in-8

MÉMOIRES DE SOPHIE ARNOULT, par le baron Lamothe-Langon; 2 vol. in-8.

LE ROMAN DES ROMANS, par Creuzé de Lesser; 2 vol. in-8.

SOUVENIRS DE VOYAGES, par Alfred de Theille; 2 vol. in-8.

VOLUPTÉ, par Sainte-Beuve; 2 vol. in-8.

LA JOLIE FILLE DU FAUBOURG, par Paul de Kock, 4 vol. in-12.

L'HOMME AUX TROIS CULOTTES, ou RÉPUBLIQUE, L'EMPIRE ET LA RESTAURATION, par le même, 4 v. in-12

LA CROIX DE PIERRE, par Mardelle, 4 vol. in-12.

CLOTILDE, ou L'OUVRIÈRE ET LA MARQUISE, par E-Guerin; 4 vol in-12.

LA FILLE DE L'OUVRIER, par Eugène de Massy, 3 vol. in-12.

Imprimerie de Pommeret et Guénot, rue Mignon, 2.

www.ingramcontent.com/pod-product-compliance
Lightning Source LLC
Chambersburg PA
CBHW071855230426
43671CB00010B/1353